AUGUSTIN GUYAU

ŒUVRES POSTHUMES

VOYAGES, FEUILLES VOLANTES
JOURNAL DE GUERRE

SUIVIS D'UNE NOTICE SUR L'AUTEUR

Par PAUL JANET

Professeur à la Sorbonne,
Directeur de l'École supérieure d'Électricité.

AVEC VINGT-QUATRE PLANCHES HORS TEXTE
UN PORTRAIT ET UN AUTOGRAPHE

LIBRAIRIE FÉLIX ALCAN

AUGUSTIN GUYAU

ŒUVRES POSTHUMES

AUGUSTIN GUYAU

1883-1917

AUGUSTIN GUYAU

ŒUVRES POSTHUMES

VOYAGES, FEUILLES VOLANTES
JOURNAL DE GUERRE

SUIVIS D'UNE NOTICE SUR L'AUTEUR

Par PAUL JANET

Professeur à la Sorbonne,
Directeur de l'École supérieure d'Électricité.

AVEC VINGT-QUATRE PLANCHES HORS TEXTE
UN PORTRAIT ET UN AUTOGRAPHE

PARIS

LIBRAIRIE FÉLIX ALCAN

108, BOULEVARD SAINT-GERMAIN, 108

1919

PRÉFACE

Le livre qu'on va lire est une œuvre posthume ; il se compose de relations de voyage, antérieurement publiées dans des périodiques, et de manuscrits laissés par l'auteur, tombé au champ d'honneur, le 1er juillet 1917.

I. — Augustin-Antoine-André Guyau, fils du célèbre philosophe et poète Jean-Marie Guyau, naquit à Menton, le 13 décembre 1883[1].

Dès l'âge de quatre ans, il perdait son père et l'on peut dire que, pour ce dernier, quitter le petit Augustin, déjà devenu le centre de tous ses espoirs, fut peut-être le plus cruel des sacrifices que la mort apportait à sa propre jeunesse. D'un stoïcisme antique, celui qui s'en allait sans une plainte, nous pria, en nous confiant l'éducation de son fils, de ne point l'entourer d'une atmosphère de deuil et de larmes ; il le voulait, cet enfant nouveau venu dans la vie, gai, confiant, heureux, aussi longtemps, du moins, que durerait l'inconscience puérile. C'est pourquoi nous cachâmes au petit garçon la mort de son père, qu'il ne cessait de demander ; nous lui dîmes qu'il était parti pour se guérir, et la fiction du voyage se prolongea jusqu'à ce

---

1. Depuis des années, Jean-Marie Guyau, avec sa mère et son père adoptif, Alfred Fouillée, desquels il ne se sépara jamais, habitait le littoral méditerranéen : sa précaire santé lui en faisait une loi.

a

que l'enfant se fut lassé d'espérer l'impossible retour.

Délicat, mais non maladif, Augustin Guyau devait grandir en cette villa que sa grand'mère paternelle, Mme Fouillée, avait fait construire sur la hauteur, parmi des jardins, et qui dominait la souriante Méditerranée dont ses yeux gardèrent toujours l'enchantement[1]. Petite enfance heureuse, selon le souhait formel du père, s'écoulant au milieu de l'affection de tous, fragilité que protégeait la grande expérience de Mme Fouillée, éveil intellectuel que déjà surveillait le grand-père et tuteur, Alfred Fouillée, bonheur enfin qui s'augmentait d'un séjour régulier de la grand'mère maternelle, Mme André, pour laquelle le petit-fils représentait la dernière joie, et de la jeune tante, Mlle André, que son inépuisable complaisance rendait toujours prête à partager les jeux turbulents du neveu très aimé.

Lorsqu'il eut douze ans, un cousin de son âge, Georges Tuillerie, le fils du frère de Mme Fouillée, que le climat de Paris éprouvait, vint partager ses plaisirs comme ses travaux d'écolier. Le jeune Augustin recevait une éducation toute particulière. Divers professeurs du collège de Menton, chaque jour lui donnaient des leçons, leçons dirigées, complétées par le maître incomparable qu'était Alfred Fouillée; de plus, n'y avait-il pas là Mme Fouillée, l'auteur de livres d'éducation universellement répandus et appréciés[2]? Enfin, moi-même, je trouvais mon emploi.

Ce fut une période de joie sans mélange pour les deux enfants; les heures d'étude écoulées, ils prenaient leurs ébats, éperdument, sous l'ombre légère des oliviers. Et parce que la mer, ce grand horizon bleu, s'offrait sans cesse à leur contemplation, que vers eux, incessamment,

---

1. Voir *Souvenirs et aspirations*, p. 25.
2. Voir *Fragments de journal intime pendant la guerre*. 30 mars 1916. p. 122.

s'élevait son éternelle voix, les jeunes garçons se croyaient une vocation de marins. Sur la surface des bassins, ce n'étaient que tempêtes habilement provoquées, que noyades ou sauvetages de matelots en bois peint, que naufrages enfin pour les petits voiliers qui constituaient leur flotte !

Puis, la part du travail alla grandissant, des préoccupations d'un autre ordre envahirent l'esprit des adolescents, l'approche des épreuves du baccalauréat projetait déjà son ombre au fond d'un ciel jusqu'alors sans nuage. Plus que jamais, ils devenaient les élèves d'Alfred Fouillée, d'ailleurs, en ce qui concernait la philosophie, ils n'eurent jamais d'autre maître. Dans cette branche de l'enseignement, Augustin Guyau montra des aptitudes, chez lui héréditaires, comme il avait montré, tout enfant, des aptitudes très remarquables pour les mathématiques et les sciences, ainsi que le don d'une vision colorée de la nature et un style personnel, malgré son jeune âge, dès sa première narration.

Les divers examens du baccalauréat Lettres-Philosophie passés avec honneur et le diplôme obtenu en juillet 1902, les jeunes gens poursuivirent désormais des études différentes ; le cousin choisit le droit, Augustin Guyau, désireux d'approfondir sa connaissance des mathématiques, prit des leçons régulières, à Nice l'hiver, et l'été à Paris, où nous séjournions tous pendant la belle saison.

Au bout de deux ans, le cousin, le compagnon de la radieuse enfance, retournait dans sa famille, car il se proposait de pousser ses études de droit jusqu'au doctorat et de suivre les cours de la Faculté de Paris [1]. Augustin

1. Devenu sous-inspecteur de l'Assistance publique du département du Nord, Georges Tuillerie, au moment de l'invasion allemande, fut envoyé à Dunkerque où les bureaux de Lille avaient été temporairement transportés. Sous les bombardements incessants, il se prodigua sans compter au service héroïque des pauvres et, des suites

Guyau, de son côté, ambitionnait la licence ès sciences : toutefois, par affection pour ses grands-parents, il ne voulut pas s'éloigner de Menton, se fit inscrire le plus près possible, à Marseille. Et le voilà qui prépare ses différents certificats *absolument seul*, loin de la Faculté et de ses enseignements. Il n'en subit pas moins avec succès chaque fois les examens de fin d'année. Ainsi furent obtenus (1904-1905) le certificat d'Analyse infinitésimale, et (1905-1906) les deux certificats d'Astronomie et de Mécanique. Mais, en novembre 1906, ne pouvant entreprendre sans laboratoire l'étude de la physique, il lui fallut quitter le milieu familial, déserter la blanche maison enfouie sous ses fleurs et ses verdures. Néanmoins, il m'avait tendrement demandé de le suivre partout où il pourrait aller désormais, puisqu'aucune raison de santé ne m'empêchait de le faire. Ce fut ainsi que tous deux nous partîmes pour Marseille. En juillet 1907, il conquérait les deux certificats de Physique générale et de Physique industrielle : il était licencié ès sciences.

Un tel résultat ne le satisfaisait point encore. Après ces études théoriques, il souhaitait d'aborder des travaux d'un ordre plus pratique ; sa nature d'esprit le portait à unir les spéculations les plus hautes, la science la plus désintéressée au souci de leurs conséquences éventuelles dans le domaine matériel; en lui, l'idéal et le réel formaient un harmonieux ensemble.

L'électricité lui paraissant offrir un champ d'investigations très vaste, ainsi que la possibilité d'applications utilitaires de toutes sortes, il entrait, la même année, à l'*Ecole supérieure d'Electricité de Paris* (1907-1908).

Là, il trouvait comme directeur et comme maître — maître plein de science et de vues profondes — M. Paul

de fatigues excessives, victime enfin de son dévouement, il devait mourir à Chambéry quelques mois avant la fin de la guerre.

Janet, fils de Paul Janet, le philosophe bien connu, lequel avait été l'ami de son grand-père, Alfred Fouillée ; il trouvait également, pour sous-directeur et maître, M. Chaumat, si soucieux de voir ses élèves se pénétrer de son enseignement — enseignement profitable entre tous — et qui leur continuait son aide, leur conservait son affection bien après leur sortie de l'Ecole. Enfin, aux cours fondamentaux s'adjoignaient des séries de conférences, faites par les savants, les ingénieurs les plus compétents. Sans compter les heures de travail manuel où, dans l'atelier tumultueux, tous ces jeunes gens, brandissant des marteaux malhabiles, trop souvent frappaient avec entrain... sur leurs doigts.

On conçoit que cette année d'École présentât un haut intérêt à l'étudiant qui en sortit ingénieur-électricien (promotion 1908).

Ingénieur, sans doute, capable, certes, au point de vue théorique, mais encore inexpérimenté quant au côté pratique de la profession. De sorte qu'un stage dans les *Établissements de constructions mécaniques et électriques Schneider, Ateliers de Champagne-sur-Seine* (Seine-et-Marne) sembla indispensable à notre jeune homme.

Ce stage (1909-1910) ne lui laissa d'ailleurs que d'heureux souvenirs ; ils étaient là une bande de jeunes gens, qui, la journée de travail terminée, se délassaient par des parties de tennis, des courses folles à bicyclette, durant les nuits de clair de lune, sous les hautes futaies de la forêt de Fontainebleau. Malgré tout, le studieux stagiaire trouvait le temps de préparer les examens d'une première année de licence en droit, licence qu'il jugeait nécessaire au parfait exercice de sa profession. Ces premiers examens furent passés victorieusement à la Faculté de droit de Paris (juillet 1909) et le stage se poursuivit dans les différents bureaux : dessins, calculs, etc. Enfin, dès le début du printemps de 1910, appuyé par M. Chaumat, le jeune ingénieur entrait aux *Ateliers de constructions électriques du Nord et de l'Est* (Jeumont, Nord), afin d'y remplir les fonctions très sérieuses de calculateur. Dès lors, plus de promenades ni de distractions d'aucune sorte, Augustin Guyau calcule la construction des machines depuis le matin jusqu'au soir, et il ne s'agit pas de se tromper, la moindre erreur causerait de graves préjudices à la maison. Lorsqu'il rentre, la journée finie, c'est pour préparer ses examens de deuxième année de licence en droit, ou pour compulser d'énormes traités qui doivent, m'explique-t-il, achever de lui faire acquérir des connaissances multiples et complètes, véritable bagage intellectuel de l'ingénieur non spécialisé dans la seule électricité. Ces diverses études se prolongent tard dans la nuit : il se surmène, le zèle du savoir le dévore.

Vient enfin l'époque des examens de droit : il en sort licencié.

Après le congé de quelques jours octroyé à cette occasion, il reprend sa tâche et ses calculs. Mais le climat de Jeumont est mauvais, humide, même l'été, Augustin Guyau, déprimé d'ailleurs par le précédent excès de travail, prend une mauvaise grippe ; le docteur — de la Faculté de Paris — le grand docteur de l'endroit, me dit tout net qu'il vaut mieux emmener mon fils vers une contrée plus clémente et surtout lui faire prendre un repos nécessaire.

Aux *Ateliers du Nord et de l'Est,* la direction, qui appréciait la valeur et la conscience du jeune ingénieur, le vit partir avec regret et il eut la satisfaction de s'entendre dire que, sa santé rétablie, s'il lui plaisait de revenir à Jeumont, il y trouverait toujours une place.

Désormais la période de labeur dans les usines était close, connaissant à fond son métier, il se tenait enfin pour satisfait. Seulement, les mois de repos indispensable écoulés, la science pure l'attire de nouveau. Estimant que le doctorat ès sciences devra donner un jour plus d'autorité aux travaux qu'il rêve d'accomplir, il prend la déter-

mination de faire une thèse. Naturellement sa pensée se
tourne vers son ancien et très éminent maître, M. Paul
Janet, sur la bienveillance duquel il compte pour le gui-
der en cette voie. Nous revenons donc à Paris (1911).
M. Paul Janet accueille fort bien l'infatigable travailleur,
lui ouvre toutes grandes les portes de son laboratoire. Et
de nouvelles années d'étude commencent, coupées, ainsi
que d'ordinaire, par des séjours auprès des siens. Mais
Augustin Guyau allait bientôt connaître le grand chagrin
de sa vie.

Trop jeune lorsqu'il perdit son père pour comprendre
quel malheur l'atteignait, l'enfant, de tout son cœur,
s'était attaché à ce grand-père infiniment affectueux que
se montrait Alfred Fouillée et, plus tard, il ne put qu'aimer
chaque jour davantage le philosophe illustre, guide premier de sa pensée. Lors de ses retours fréquents dans le
midi, que de promenades, le soir, autour de la pelouse
ombragée de palmiers, sur la terrasse, en face de la mer,
qui s'étend devant la villa !

Interminablement, le maître et le jeune homme, sous
les étoiles resplendissantes ou les clairs de lune éclatants
d'un ciel sans brume, s'entretenaient des plus hauts problèmes, des plus graves questions que se pose l'esprit
humain. Alfred Fouillée développait ses propres idées,
son propre système philosophique. Hélas ! se sentant mortellement atteint, il se hâtait de donner ses derniers enseignements au petit-fils qu'il croyait assuré de rester encore
de longues années sur la terre.

En juillet 1912, M. et Mme Fouillée prirent, ainsi que
chaque été, la route de Paris, mais une subite aggravation
de la maladie de cœur du philosophe les força de s'arrêter
à Lyon. Dans le livre que, par la suite, Augustin Guyau
écrivit sur l'œuvre de son grand-père, Mme Fouillée, en
quelques pages émues, retrace ces jours de souffrance et
d'angoisse. Son petit-fils était accouru, il partageait avec

elle les soins de chaque instant que nécessitait l'état du
malade. Mais, comme tous les jeunes, comme tous ceux
qui n'ont point encore vu mourir, il ne pouvait croire la
séparation ni si proche ni même possible. Le coup fatal
ne lui fut que plus cruel : jamais je n'oublierai l'accable-
ment, la détresse infinie dans lesquels je trouvai plongé
mon pauvre enfant devant l'irrémédiable accompli. Toutefois, par un violent effort de volonté, il domina sa douleur
pour s'occuper des funèbres détails. Il eut la bonne inspi-
ration de faire prendre le moulage de la tête de son grand-
père, moulage qui permit au maître sculpteur, Denys
Puech, de reproduire, avec une exactitude, une ressemblance frappantes, les traits du mort illustre.

Interrompant ses études scientifiques, Augustin Guyau,
l'esprit et le cœur tout remplis par le souvenir du grand
disparu, commence la rédaction d'un ouvrage intitulé
La Philosophie et la Sociologie d'Alfred Fouillée,
ouvrage dont il amassait depuis longtemps déjà les matériaux. Ce fut un labeur acharné, auquel succéda la correction des épreuves. Enfin le volume parut, l'accueil le meil-
leur l'attendait, le succès était assuré.

Libre de ce côté, le jeune auteur retourne à ses travaux
de laboratoire, au souci de sa thèse. Cependant, avec le
printemps de 1913, l'amateur de voyage qu'il avait toujours été se réveille : il fait une courte excursion en
Tunisie dont le récit ouvre ce livre[1]. Simple intermède
d'ailleurs que ce voyage, car bientôt l'inlassable travailleur reprend la tâche interrompue.

Le 23 juin 1913, à la Faculté des Sciences de Paris,

---

1. *Quelques jours dans le Sud Tunisien et à Tripoli de Barbarie*,
titre de la totalité du récit, mais cette relation de voyage fut pri-
mitivement coupée en deux parties indépendantes, afin de pouvoir
paraître l'une, intitulée *Un congrès scientifique à Tunis*, dans le
Magasin pittoresque (nᵒ du 15 mai 1913), l'autre *Quelques jours à
Tripoli de Barbarie*, dans le *Tour du Monde* (nᵒ du 28 février 1914).

Augustin Guyau soutenait les thèses suivantes : 1° *Le télé-phone instrument de mesure* (thèse principale); 2° *Mé-moire sur les eaux usées* (thèse secondaire). Ainsi obte-nait-il le grade de docteur ès sciences physiques.

Va-t-il enfin se reposer ? Nullement. — Quelle prescience de la brièveté de sa vie le jette ainsi dans une hâte fébrile ? Se remettant à la philosophie, il relit l'œuvre considérable d'Alfred Fouillée, prépare un recueil de *Pages choisies*, de même que son grand-père avait fait jadis pour l'œuvre de Jean-Marie Guyau.

Le choix achevé, mis en ordre, annoté [1], il revoit sa thèse, l'appuie sur de nouveaux travaux, la développe et, de cette refonte, sort un livre déjà parvenu à sa seconde édition : *Le Téléphone instrument de mesure, oscillo-graphie interférentielle* [2]. Augustin Guyau s'affirmait, dès ce début, comme un jeune savant plein d'avenir. Qu'on me permette à ce sujet (autorisée par l'auteur) de citer quelques lignes que M. Paul Janet — qui mieux que lui pouvait en juger ? — m'écrivit au moment de la mort de mon fils bien-aimé :

« Augustin Guyau n'était pas pour moi un élève quel-conque dans le nombre considérable qui m'est passé par les mains. C'était un élève préféré et distingué ; c'était l'un de ceux qui brillent d'une lueur particulière et à qui l'on s'attache, non seulement pour des raisons apparentes et évidentes, mais par des sentiments obscurs qui font que l'on se dit : j'ai rencontré une âme exceptionnelle parmi toutes ces âmes de jeunes si profondément prenantes. Je ne parle pas de sa valeur scientifique, elle était indiscu-table, et il l'a bien prouvé ; mais il y avait en lui tout ce qui peut élever et distinguer : l'originalité, car le ton de

1. Ce livre est absolument prêt à imprimer ; la guerre d'abord, la mort ensuite empêchèrent seules Augustin Guyau de le publier. Sa grand'mère, M⁰ᵉ Alfred Fouillée, se propose de le faire paraître.

2. Edité à la librairie Gauthier-Villars.

ses pensées n'était pas celui du vulgaire ; la volonté, car il l'a prouvé en se donnant tout entier et à travers tous les obstacles à la France ; la simplicité, car il tombe à son rang... Tout cela en fait une figure à part, singulièrement attachante et lumineuse... Il voulut être soldat, ayant été savant ; quel exemple, et, si l'on voit les choses de haut, quelle utilité profonde que cette mort féconde qui restera le grand honneur de notre Ecole [1]. »

Pour reprendre la suite des événements de la courte existence d'Augustin Guyau, disons que, depuis longtemps, le rêve d'une très sérieuse expédition au Maroc le hantait. Nos colonies exerçaient sur lui une véritable attraction, mais, jusqu'ici, ses multiples occupations l'avaient retenu devant sa table de travail. Enfin, elles lui paraissaient, pour l'instant du moins, terminées et, le 12 avril 1914, il s'embarque [2].

De retour à Paris, le 29 juillet 1914, ignorant des événements qui se préparent, il comprend vite la gravité de la situation. Son premier souci fut de me confier le soin de sa chère grand'mère et de nous envoyer bien loin toutes deux. — Dans un simple et long regard, échangé entre mon fils et moi, j'avais lu son inébranlable résolution pour le cas, infiniment probable, où la guerre ne pourrait être évitée, — je savais qu'il irait se battre.

1. Cette Ecole, Augustin Guyau l'aimait, comme il aimait ces jeunes gens qui, chaque année, viennent y recevoir un enseignement propre à leur assurer une vie de travail. Son désir était que s'il ne revenait pas de la guerre, on fondât, avec une partie de sa petite fortune, une bourse permettant (ne fût-ce que tous les deux ans) au candidat le plus digne de suivre les cours de l'*Ecole supérieure d'Electricité*. Ainsi, par delà le tombeau, sa main fraternelle se tendrait vers quelque jeune homme que la pauvreté aurait éloigné du savoir, le savoir dont lui-même eut le culte toute sa vie. — Ce désir sera rempli.

2. Ce voyage, le dernier qu'il lui fut donné de faire, Augustin Guyau en relira le récit, rapide et coloré, au cours d'une de ses permissions de soldat. Nous avons, dans l'ordonnance de ce livre, conservé aux voyages leur ordre chronologique.

Du 31 juillet, jour du départ de sa grand'mère et de sa mère, au 10 août, jour de son engagement, il met en ordre ses papiers, — qu'ils traitassent de questions industrielles, de mathématiques, de science ou de littérature ; il relit quelques feuilles volantes inspirées par les circonstances à des époques différentes. De plus, il note jour par jour, quelquefois heure par heure, ce qu'il voit, entend, croit pressentir dans la grande ville anxieuse, — son journal intime pendant la guerre est commencé.

II. — Et maintenant, jetons un regard sur ce volume posthume, composé d'éléments très divers, il nous révélera l'auteur sous un autre aspect que celui de l'ingénieur ou du jeune savant. — Nature d'artiste et de poète, en outre quelque peu philosophe, Augustin Guyau, s'il connaissait l'ivresse intellectuelle « qui donne l'illusion de s'asseoir face à face avec les dieux »[1], possédait aussi un goût très vif des voyages. L'aventure, le rêve que leur imprévu apporte toujours l'enchantaient et il recherchait les pensées qu'un horizon nouveau ne saurait manquer de faire naître. Enfin cet amour de l'espace et de la solitude, dont il semblait parfois transporté, pouvait se satisfaire parmi les steppes de nos colonies. Ces pays neufs, du moins pour la civilisation, ces terres de soleil, de luxuriante végétation exaltaient son enthousiasme, il eût voulu y passer de longs mois chaque année, leur réserver, en tant qu'ingénieur, une part de son activité, il eût voulu se pencher sur l'âme encore sauvage des populations africaines, car il les aimait déjà ces frères au sombre visage.

Dans les relations qu'il nous a laissées de son excursion en Tunisie, de son voyage à travers le Maroc, partout éclate cette vive sympathie pour la « nouvelle France »,

1. *Fragments de journal intime pendant la guerre*, 28 mars 1916, p. 121.

suivie de retours passionnés vers l'ancienne France, où plus douces sont les nuances et plus fraîches les brises, vers sa patrie enfin à laquelle bientôt il se sacrifiera.

Au cours de ses expéditions, il note presque quotidiennement incidents, sensations, et le récit, varié ainsi que les circonstances, se poursuit d'une manière alerte autant que vivante. En quelques mots apparaît un paysage ; jamais de longueurs, son style, tout ensemble concis et imagé, rend avec charme les choses vues. Et que de réflexions profondes s'échapperont chemin faisant ! On dirait que le monde extérieur n'est pour lui qu'un écran sur lequel le monde intérieur et caché projette sans cesse son ombre.

Il s'en va, le voyageur, à travers les pays qu'il ne connaît pas comme à travers l'existence qui reste énigmatique. D'abord amusé, plein de joyeuse ardeur, il laisse sa jeunesse s'élancer éperdument au-devant des contrées nouvelles, au-devant des lendemains ignorés ; plus tard, sous son regard songeur, l'ombre des jours passés tentera de rejoindre l'ombre des jours futurs, les uns font présager les autres : déjà un peu de fatigue, de doute et de désenchantement alourdiront ses jeunes épaules. En attendant, il se grise de la libre expansion de ses forces, croit se sentir « plus près de la nature » ; — et la nature, comme il l'aime ! Jusqu'à la douer d'une âme, jusqu'à « pieusement adorer en son cœur le grand souffle de vie qui l'anime »[1].

Lui-même se dénommait plaisamment un « chemineau », et alors il pose cette interrogation : « Le bâton du chemineau en main, avez-vous parcouru plaines et monts ? »...[2] Un peu plus loin, il ajoute : « Nulle part mieux que dans la solitude des champs nous ne nous sen-

1. *Retour de Promenade*, p. 24.
2. *Dans le Massif des Maures*, p. 27.

tons vivre, ni plus joyeusement[1]. » Ceci, c'est le chemineau de la première heure, dont l'allégresse se teinte à peine, par instant, de légère mélancolie.

Quelques années s'écoulent, « le chemineau reprend son bâton », mais quelle différence, déjà, entre les deux chemineaux que ce livre rapproche ! Au fond de l'âme du deuxième, pourtant bien jeune encore, une lassitude se décèle de n'avoir point trouvé l'existence humaine à la hauteur de ses conceptions et aspirations. En vain a-t-il ouvert le « Grand Livre du monde »[2], le sens de la vie, de nos efforts — de nos souffrances peut-être — lui échappe et « les feuillets tournent, tournent, jamais le Livre ne prend fin »[3]. Sur la mousse il s'est endormi. De son cœur ardent et tendre monte une voix et cette voix, en paroles poétiques, lui conseille de se réfugier au sein de l'idéal, afin d'ignorer la désillusion, d'oublier tout, afin « d'entendre à jamais le murmure d'amour qui fait frémir l'univers entier »[4]. Hélas ! songe que cela — ce fut précisément le songe de sa prime jeunesse — et le réveil, la rentrée dans la réalité révèle au *chemineau de la vie* que le milieu du jour, l'écrasant midi a desséché les mousses et brûlé les feuillages. Il se retrouve seul, la voix suave de sa jeunesse s'est tue. Le chemineau reprend son bâton, se remet en route : courageux, résolu, ainsi poursuivra-t-il, jusqu'au bout, son chemin.

Toutefois, malgré certaines pages, comme celle-ci, un peu tristes, quelle que soit l'époque de sa brève existence, Augustin Guyau ne cessera de témoigner d'un amour intense pour la vie. Seulement, l'envers de la vie, c'est la mort, et se pencher vers l'une incline aussitôt vers l'autre :

1. *Dans le Massif des Maures*, p. 27.
2. *Le Chemineau reprend son bâton*, p. 38.
3. *Ibid.*, p. 38.
4. *Ibid.*, p. 38.

vie, mort, insondables abîmes où plonge l'univers ! De là viennent, sans doute, ces passages soudain de la gaîté la plus franche à la mélancolie, même à de légers accès de fatalisme pensif. Cette disposition s'accentuera naturellement avec le temps et elle nous explique pourquoi le jeune homme comprendra si bien ce trait de la mentalité orientale, *l'abandon au destin*. Lors de son séjour en terre marocaine, il fait, au sujet d'une jeune femme, la réflexion suivante : « Le destin, cet avenir si bien caché que nous portons en nous-mêmes et à l'accomplissement duquel, inconscients, nous travaillons chaque jour [1]. » Un peu plus loin, après avoir visité un cimetière musulman, il s'écrie : « Mystère du destin, nuit infinie partout répandue devant nous, est-ce là ce qui fait que la vie vaut d'être vécue ? [2] »

Comme son père, il connut le sombre attrait de la mort après la lumineuse attirance de la vie, comme son père, stoïquement, il acceptait d'avance, quel qu'il pût être, l'enchaînement inéluctable des causes. Le ténébreux destin, plus d'une fois pressenti (destin qui fut aussi, hélas ! celui de tant d'autres), le trouvera sans faiblesse.

Une pensée toujours en éveil, répandant sa clarté sur les événements quotidiens, fait la grâce, l'originalité de ses récits de voyage, ainsi d'ailleurs que de tout ce qu'il écrit.

Mais, pour son âme de poète et de philosophe, la vie bornée de l'humanité devait fatalement finir par sembler insuffisante ; déjà, nous l'avons vu, il sentait l'insignifiance des efforts des hommes s'ils n'atteignent ni plus loin ni plus haut. Se souvenant de Lucain, il donnera à *La Sénégalaise*, simple conte d'une rare sobriété de termes et

---

1. *A travers le Maroc*, p. 58.

2. *A travers le Maroc*, p. 59. Ce n'est pas seulement en Orient que la pensée du destin le poursuit, voir, entre autres, la conclusion de la petite scène, prise sur le vif, intitulée : *Au Palais de Glace*, p. 45.

d'une évocation saisissante, la mélancolique conclusion :
« Et les ruines que nous laisserons après nous, comme
nous-mêmes périront. »

Assurément il aimait la vie, nous ne le redirons jamais
assez, mais, par instant, il semblait presque n'y pas tenir :
le mystérieux au-delà lui posait trop souvent son énigme.
Néanmoins, il croyait en l'avenir, le monde n'est-il point
une renaissance éternelle, un éternel recommencement ?
Avec force, son être entier se tendait vers cet avenir plein
de possibilités, — oui, toute son intelligence pour le prévoir, toute son activité pour hâter sa réalisation ! Jeune,
non seulement d'âge, mais de cette jeunesse du cœur et de
l'esprit plus véritable, plus durable que l'autre, il se sentait confiant et gai au sein de l'action, et dans le devenir
universel il ne voulait plus voir alors que le déroulement
sans fin d'un immortel poème dont il s'enivrait. Ainsi se
résolvaient harmonieusement d'apparentes contradictions.
Toutefois, avec sagesse, il estimera qu'il convient de ne
point trop se pencher « sur le moi intérieur ». Il conclura
même : « C'est en m'abandonnant à la lutte et à l'action,
en m'y étourdissant peut-être, que je me distrairai de
cette mélancolie déprimante, qu'entraînent les trop profonds retours sur soi »[1].

III. — Les *Fragments de Journal intime pendant la
guerre*, d'où sont extraites les deux dernières citations, ter-
minent tout naturellement ce livre. Sans nul doute, l'intention première d'Augustin Guyau avait été de tenir un véritable journal durant les jours épiques qui allaient s'écouler,
— ce qu'il fait d'ailleurs d'une façon presque régulière tant
qu'il ne quitte point Paris. Mais, lorsqu'il sera au front
des armées, pressé par le temps, brisé de fatigue, il aban-

1. *Fragments de journal intime pendant la guerre*, 10 avril 1917,
p. 136.

donnera vite ce travail surajouté à tant d'autres occupations, pour ne le reprendre que par intermittence, durant
ses rares moments de loisir. C'est ainsi qu'il ne nous dira
rien de sa campagne de Belgique, par laquelle il débute
en qualité d'automitrailleur, ni des combats de l'Yser.
Tout au plus, dans sa correspondance, trouvera-t-on une
succincte énumération de villes belges, dont Ypres[1].
Pourtant, il se sentait si fier d'avoir participé, entre autres,
à la bataille d'Ypres, que sur un petit briquet de métal
blanc, il avait fait graver en lettres rouges d'un côté le
mot *Ypres*, de l'autre les mots *Bois-le-Prêtre*, — bois trop
fameux où il séjourna de longs mois dans les tranchées de
première ligne.

Les *Fragments de journal intime pendant la guerre*[2],
œuvre inachevée comme la vie même de l'auteur, est le
seul de ses écrits qu'il n'ait ni revu, ni ordonné selon son
gré. Ici, nous sommes en présence de simples notes, de
jalons, pourrait-on dire, qui devaient lui permettre de
retrouver en détail les souvenirs de ces temps héroïques,
lui permettre de les vivre à nouveau, de les retracer dans
toute leur tragique beauté. Tombé avant l'heure, jamais
il ne nous exprimera la multitude de sentiments, de pensées, d'enthousiasmes — ni l'infinie pitié que cet effroya-
ble passé avait fait naître au fond de son âme vibrante.

Du moins, telles qu'elles sont parvenues entre mes
mains, ces brèves notes, que ce soit au hasard d'envois
trop souvent égarés, qu'elles aient été retrouvées dans des
fonds de tiroirs et de poches (le permissionnaire aban-
donnait papiers superflus, vêtements inutiles), ou encore
découvertes en de multiples carnets, parmi des calculs de

1. *Fragments de journal intime pendant la guerre*, 3 avril 1916,
p. 123.

2. De titre, il n'en existait pas, je dus, tant bien que mal, en
trouver un.

balistique, des problèmes de mathématiques, des plans et comptes rendus de patrouilles, extraites enfin du milieu des renseignements les plus variés à propos des matières les plus diverses, je les livre ces pages spontanées, car elles possèdent l'immense mérite de nous apporter, avec la plus entière sincérité, les impressions d'un combattant, d'un engagé volontaire qui aima la France plus que sa propre vie[1].

La déclaration de guerre trouva le voyageur (il revenait du Maroc) en plein épanouissement de sa force intellectuelle et morale, en possession de tous ses moyens, en face de projets d'avenir qui semblaient légitimes : il avait trente ans. Mais l'Allemagne attaque traîtreusement sa patrie, il bondit : que tous les fils de la France, pense-t-il, se lèvent et prennent les armes, les jeunes gens de la classe instruite les premiers, — ne doivent-ils pas l'exemple !

Cette conviction que l'exemple est dû par les favorisés du sort, conviction qu'il fit sienne dès son adolescence, il la garda sa vie durant et, lorsque viendra pour lui l'heure de l'ultime combat, on le verra se porter à l'endroit menacé, entraînant les autres derrière soi, puis tomber, après avoir décidé, ce jour-là du moins, de l'arrêt d'une progression de l'ennemi[2].

« Nous sommes braves dans la vieille Gaule », s'écrie-t-il[3], et durant les trois années moins un mois et neuf jours qu'il restera sous les armes, jamais un mot de plainte ne lui échappera. Au contraire, il ne montrera que de la belle humeur devant les rudesses, les souffrances, les dangers de la vie de soldat en campagne. Il ne manifeste

---

1. Et combien de ces feuilles volantes se sont, sans doute, perdues dans l'instabilité d'existence d'un soldat en campagne !

2. Voir la lettre du capitaine de Bellabre, p. 138.

3. *Fragments de journal intime pendant la guerre*, 10 août 1914, p. 97.

de mécontentement que s'il s'estime trop longtemps éloigné de la ligne de feu et ne connaîtra de repos qu'il n'y soit retourné, tant il craint de ne pas faire assez ! Le découragement, il l'ignorera toujours, sa foi dans la victoire, dans le triomphe final de la liberté sur la tyrannie, de la civilisation sur la barbarie s'affirme au cours de toutes ces pages que sa main, à jamais refroidie, traça malgré les fatigues journalières et souvent après les horreurs des pires combats.

L'inflexibilité du stoïcisme réglait sa propre conduite, mais il ne connaissait que l'indulgence pour les humbles camarades chez lesquels l'obligation du sacrifice ne rencontrait pas l'appui d'une éducation morale assez élevée. Par la parole, par l'exemple, il les soutiendra et toujours, quoi qu'il advienne, les excusera. Très exceptionnellement relèverons-nous des réflexions attristées sur la nécessité de stimuler ceux-là qui, au lieu d'estimer tout « à la mesure de la brièveté, de l'insipidité de la vie », ne s'élancent que s'ils voient briller quelque chose devant eux, « et ce sera, sinon l'étoile du ciel trop lointaine et voilée, du moins une croix, un bout de ruban[1] ». Certes, il ne dédaignait pas les distinctions bellement achetées, loin de là ! il exprime le simple regret que tous ne soient point capables de pouvoir s'en passer. Car, obscure ou non, l'offrande volontaire de sa vie à la patrie est, par soi-même, la plus splendide et, au fond, l'unique décoration, — la croix d'honneur par excellence.

Ajouterons-nous que cette vulgarité inévitable de l'ambiance sera peut-être pour le soldat de culture raffinée, quels que soient d'ailleurs ses efforts pour s'en abstraire, ce qui lui paraîtra de plus pénible à supporter[2].

1. *Fragments de journal intime pendant la guerre*, 31 mai 1915, p. 113 et 114.

2. *Fragments de journal intime pendant la guerre*, 8 avril 1917, p. 135.

Mais ce ne sont là que des ombres, le patriotisme le plus pur, le plus hautement désintéressé recouvre, transfigure tout. Le 18 août 1916, sur une feuille de carnet, il inscrit en hâte ces paroles, *sublimes* parce qu'elles semblent s'échapper encore des lèvres glacées du jeune héros :

« Oh ! qu'il est grand l'amour que nous vouons, dès l'enfance, au pays des ancêtres, à la France immortelle. Qu'il est grand cet amour que les années ne feront qu'amplifier jusqu'à ce qu'il enveloppe et surpasse de si haut nos autres amours que, l'heure venue, nous lui sacrifierons tout, même notre vie ! » [1]

Ces mots, expression de la profondeur de ses sentiments, ainsi que de sa suprême abnégation, nous les avons fait graver, parmi les roses, au tombeau paternel et grand-paternel. — Du cimetière ensoleillé de Menton, on entend bruire, on voit s'épandre les eaux d'azur de la Méditerranée que le père chanta en strophes mélodieuses :

« ... Salut, mer aux flots purs » [2]

et que le fils aima sur son doux rivage de France comme sur sa grève africaine.

Clairement, il apparaît qu'Augustin Guyau eut toujours, dans une certaine mesure, le pressentiment de sa fin prématurée, c'est pourquoi, nous l'avons déjà remarqué, s'élevait parfois un conflit entre son désir d'action, d'immédiate réalisation des projets conçus et le brusque désenchantement, la persuasion de l'inutilité de nos ambitions, — de la vanité des agitations des hommes. Avouons-le, il éprouvait la nostalgie de quelque chose d'autre et il connut de très bonne heure l'aspiration à l'éternel. Mais combien

1. *Fragments de journal intime pendant la guerre*, 18 août 1916, p. 128 et 129.

2. *Vers d'un philosophe* (Jean-Marie Guyau), p. 157.

s'accentue, durant ces mois de guerre, la prescience du bref dénouement ! Autour de lui, il sent errer la mort.

Du reste, la mort ne l'effraya jamais, il la considérait dans sa sereine beauté; qu'on lise plutôt la description du cimetière de Montauville [1]. Ces quelques lignes nous donnent le sentiment du repos d'outre-tombe, de l'insondable paix des éternels dormeurs couchés au champ d'honneur, sous les obus qui passent en sifflant.

Avec sa modestie coutumière, il me répétait, lors de ses permissions : « Oh! moi, on peut m'envoyer n'importe où, je pars et me hasarde sans nul mérite : je n'ai pas peur. » Il n'avait pas peur, ce vaillant ne connut jamais la peur et ne s'en faisait point gloire. Ce que furent son intrépidité, son sang-froid, sa bravoure, la lettre du capitaine de Bellabre et ses deux citations nous le diront.

Un vaillant, oui, et pas seulement dans la lutte meurtrière et sacrée du champ de bataille, mais aussi dans la lutte qu'on soutient parfois contre soi-même pour se recréer selon sa volonté et son propre idéal, dans la lutte pour la conquête du savoir, pour faire prévaloir les idées que l'on croit justes, pour accomplir, malgré les difficultés, le bien partout où l'on passe et en toute occasion. Et cette énergie morale s'alliait chez lui à tant de délicatesse, tant de douceur d'âme! Sa bonté, sa tendresse, pour ainsi dire universelles, s'attachaient avec prédilection aux plus humbles, même parfois aux moins méritants d'apparence : il se penchait sur leurs consciences pleines d'ombre, méditant cette parole de son père :

« On ne peut plus haïr l'être qu'on a compris » [2].

La philanthropie semblait son ultime vocation; que de

1. *Fragments de journal intime pendant la guerre*, 29 mai 1915, p. 113.
2. *Vers d'un philosophe*, p. 193.

fois ne me confia-t-il pas que s'il réalisait jamais, par son
travail, une véritable fortune, il la consacrerait à réparer,
suivant son humble pouvoir, l'injustice du sort envers les
déshérités.

Parlant peu, n'agissant qu'après mûre réflexion, mais
alors ne perdant plus de vue l'accomplissement de ses
desseins, il offrait un contraste d'indolence faite de rêverie,
et d'activité faite de volonté raisonnée ; tout ensemble
poète enfermé dans sa vision intérieure et homme d'action agissant dans la réalité.

Et si modeste ! Ceux qui l'ont connu s'accordent pour
en témoigner, et si sympathique qu'il ne comptait que
des amis.

A trente-trois ans, l'âge qu'avait son père et dernière
ressemblance avec le philosophe poète, il disparaît, en
pleine jeunesse ! Son amour des voyages, des contrées
lointaines ne fut peut-être qu'un mystérieux appel de son
très proche destin, l'obscur attrait du grand départ, du
grand voyage sans retour et sans fin. — D'un élan sublime
emporté « le chemineau de la vie » s'en est allé, par delà
le temps et l'humaine existence, poursuivre le secret et
du cœur et de l'âme au sein même de l'éternité.

Mᵐᵉ JEAN-MARIE GUYAU.

Nous devons à l'extrême obligeance, ainsi qu'à la haute compétence de M. Augustin Bernard l'identification des vues photographiques que le jeune voyageur rapporta du Maroc, mais qu'il n'eut le temps ni de faire tirer ni d'identifier lui-même. Nous offrons ici au distingué professeur l'expression de toute notre gratitude pour l'aide si opportune et si précieuse qu'il voulut bien nous prêter en cette circonstance.

QUELQUES JOURS DANS LE SUD-TUNISIEN ET A TRIPOLI DE BARBARIE

20 MARS-4 AVRIL 1913.

L'*Association française pour l'avancement des Sciences* tint, ce mois de mars dernier (1913) son congrès annuel à Tunis.

J'étais parti ma serviette bourrée de graphiques et de formules, je suis rentré les yeux encore éblouis de lumière, l'esprit rempli du regret des solitudes seulement entrevues, où l'on galope des heures sans se heurter contre son semblable, où l'on s'imagine avoir recouvré la liberté, être délivré des liens qui, en notre vieille Europe, entravent tous nos pas.

Chaque jour j'ai noirci une page de mon carnet de route. Sans doute me plaira-t-il parfois de le feuilleter quand me prendra la nostalgie des pays restés primitifs, auxquels nous demandons l'illusion de nous sentir plus près de la nature, aux sources mêmes de la vie.

20 *mars* 1913. — Nous avions quitté Marseille le

soir et j'allai m'accouder à la proue du navire, me
pencher sur l'eau fuyante. Longtemps ainsi je regardai l'écume jaillir ; lorsque je me retournai, la côte
de France déjà se perdait dans la brume.

21 *mars*. — La traversée est courte. D'ailleurs
mille incidents se produisent qui sont autant de distractions. Mon voisin de cabine envoie un radio-
gramme, nous accourons en foule pour entendre le
grésillement mystérieux de l'étincelle. — Repas,
collations, thés se succèdent ; l'air du large creuse
les estomacs, du moins ceux que le roulis n'incom-
mode point.

22 *mars*. — Au cours de la nuit, un arrêt de machine m'éveille, je devine la prochaine arrivée et
monte sur le pont : la lune illumine une mer violette,
frangée d'argent, sous nos yeux se dessine la terre
d'Afrique, signalée par un phare.

Nous avançons lentement ; enfin nous voyons scin-
tiller les lumières de la Goulette : le pilote monte à
bord. Fendant alors les boues du chenal, creusé dans
le lac de Tunis, et tandis que l'aube s'éclaire, notre
navire arrive à quai. Un débarquement tumultueux
s'ensuit.

Pressés de voir les merveilles promises, nous traversons le quartier du port, tout récemment conquis
sur les eaux du lac et quelque peu désert encore,
pour nous diriger vers la blanche cité du bey.

Là, nègres, Juifs, Maltais et Italiens s'agitent autour

Tunis. — Maisons aux fenêtres grillées (p. 3).

Tunis. — Pavillon de la Marouba.

de l'indifférence arabe. Les uniformes éclatants de nos officiers se mêlent au bariolage des costumes indigènes et à la blancheur des burnous. Parfois, la silhouette fière d'un cavalier, juché sur une monture boiteuse, attire notre regard.

Bientôt, délaissant les files de maisons revêtues de chaux, dont les fenêtres grillées semblent cacher je ne sais quel mystère, nous gagnons le quartier des souks. Dans un dédale de ruelles voûtées, Juifs et Arabes ont établi leurs ateliers et leurs étalages : la foule s'y presse. Non loin de moi, deux yeux brillants et furtifs, dissimulés derrière un noir haïk, examinent le bazar. Un Arabe, qui vient de palper une gandoura brodée, la rend au marchand d'un geste de mépris.

« Monsieur, écoute; monsieur, écoute... » me crie un Juif; mais il est temps que je retourne vers la ville européenne.

Dans une moderne salle de théâtre, le résident général, M. Alapetite, nous fait accueil. Un membre de la famille beylicale représente le souverain, les ministres de la régence l'entourent et nous voyons réunis en ce lieu tout ce que Tunis compte d'hommes distingués et de femmes élégantes. Notre président, M. Haug, en un discours documenté, montre comment les géologues et les cartographes préparent l'achèvement de l'œuvre civilisatrice de la France et la réconciliation du vainqueur avec la race indigène, définitivement conquise par le progrès.

De nouveau nous sommes rendus à la liberté et
— ô curiosité du voyageur — j'en profite pour pénétrer dans un concert arabe. Tout d'abord, j'aperçois
un vieil homme, visage graisseux, bouche mi-fermée,
qui fait entendre un nasillement bizarre, tandis qu'un
musicien frappe sur une cruche dont le fond est en
peau d'âne : musique monotone s'il en fut ! Occupant
un canapé, six femmes, des juives, les danseuses,
attendent le moment de la représentation. Elles al-
lument des cigarettes, les font passer dans l'assistance
à leurs amis, mangent et surtout bavardent sans
relâche. L'une d'elles, très brune, très jeune, profil
pur, expression fière, attire mon attention. Les autres,
plus âgées, sont déjà empâtées par la graisse. Leur
costume se compose d'un pantalon de couleur écla-
tante et d'une veste décolletée tout autant que le
corsage des Européennes de même profession. Je
donne quelque argent pour faire danser la petite
brune ; sa voisine, jalouse, la bat amicalement. Aussitôt, cris, nasillements, tambour de basque, vacarme
assourdissant ; la danseuse élue se lève et s'avance.
Un mouchoir en chaque main et un coin de chacun
de ces mouchoirs entre ses dents serrées, elle se
balance et commence une danse du ventre. Puis la
voilà qui fait la roue, chante, agite tout son corps
d'un long tremblement pour s'arrêter enfin au milieu
de l'enthousiasme général. Un Arabe lui offre un
bouquet de violettes, mais elle ne le place point à son
corsage, comme l'eût fait une Européenne, elle le
met tremper dans une carafe.

Tunis. — Un charmeur de serpents.

Derniers vestiges de Carthage (p. 5).

23 *mars.* — Tout ce jour, nous l'avons vécu au sein du passé.

Des nuages couvraient le ciel d'un voile transparent, et ce fut sous une lumière tamisée, une lumière élyséenne, que nous nous rendîmes à Carthage et gravîmes Byrsa, l'antique citadelle.

De la capitale africaine, il ne reste plus rien : quelques colonnes, quelques mosaïques attestent seules qu'en ces lieux des civilisations se développèrent, se succédèrent, disparurent. Le fatidique *Bou Kornęïn*, la montagne aux deux sommets où s'élevait le temple de Baal, semble contempler leur néant.

Comme le mineur voit se dérouler dans les fouilles l'histoire de la terre, ainsi les amants du passé peuvent lire ici, dans le sous-sol (mis à jour par les archéologues) celle de l'antique cité. — Je remarque une Tanit moulée, à la façon d'une Parisienne, en son manteau frangé d'or ; voici les bijoux qu'aimaient les femmes de ce pays, voici les cercueils où, revêtues de somptueuses parures, on les couchait dans un bain de résine, loin du regard des profanateurs. Voilà des fragments de chapiteaux, des restes d'aqueduc, de cirque, qui attestent l'occupation romaine et, plus loin, les ruines d'une basilique chrétienne. Les vestiges se font rares ; le temps accomplit l'œuvre que souhaitait Caton. — Mais non, le renouveau éternel réveille, relève Carthage ; des constructions d'âges différents s'édifient. Byrsa est couronnée par le monastère des Pères Blancs ; en face, *Sidi Bou*

Saïd dresse son minaret, et, troublant le silence des ruines, par instant retentit le sifflet des locomotives.

Le soir, aux portes mêmes de Tunis, j'ai été m'égarer dans le cimetière musulman, théâtre de l'émeute récente. Il s'étend à perte de vue, couvert d'une herbe que la piété des visiteurs respecte. Seules les pierres étroites, qui marquent les tombeaux, rompent de leur grisaille le tapis de verdure. Ayant suivi un sentier, je rencontrai un marabout au dôme blanc. Là, quelque saint, illustre sans doute dans la science du Coran, poursuit à jamais sa silencieuse méditation. En haut, sur la colline qui barre l'horizon, une *zaouïa*[1] s'élève. Le vendredi, les femmes pieuses vont dans la mosquée soulever leur haïk, et, la face découverte devant Allah, elles l'implorent toute une nuit : qu'espèrent-elles ? La volonté suprême ne leur apparaît-elle point clairement écrite là-bas, à Carthage, dont les dernières pierres achèvent de tomber en poussière, ici, en ce coin désolé où ceux qui ont vécu, inexorablement, retournent à la terre !

Le congrès fut bref. Honnis eussent été les orateurs trop prolixes. Conduits par notre président, nous sommes partis, sitôt après la séance de clôture, pour le Sud-Tunisien.

1. Mosquée ayant droit d'asile.

SOUSSE. — LES CONGRESSISTES ARRIVENT A LA CASBAH (p. 7).

KAIROUAN. — LA FOULE SE PRESSE (p. 7).

28 *mars*. — Du haut de sa casbah[1], Sousse, sous la lumière, éblouissante mais dure, étale des terrasses blanches, des ruelles tortueuses, des patios obscurs dans lesquels on voit travailler des femmes en guenilles. Toute l'âme arabe se peint là : violente et impénétrable.

Je descends les souks, je longe les remparts, contourne un dôme blanc, et voici le minaret tout rond qui dresse dans le ciel son croissant, tandis qu'en face s'élance la flèche d'une église. Sous le porche du temple catholique, un évêque de plâtre, à la vêture orientale, bénit du bout de sa crosse. La brise de mer fait tourner, sur le haut du clocher, un coq gaulois dont la dorure reluit. Par bouffée, l'odeur d'encens vient me prendre à la gorge : c'est demain vendredi, jour sacré, et l'on a promené des parfums par la ville.

Kairouan, la ville sainte, dont les mosquées furent jadis violées par le cheval d'un général français, a gardé son aspect oriental. La foule se presse dans ses rues larges, blanchies de chaux, lumineuses de soleil, à moins qu'elle n'envahisse le souk[2] sombre où le marchand vend des tapis couleur de sable.

Dans le recueillement des mosquées, quelques étudiants — des vieillards déjà — méditent le Coran ; près d'un sépulcre sacré, des femmes voilées de noir

1. Citadelle.
2. Marché.

frappent leur front contre le sol ; le long de la muraille, des sabres d'une longueur démesurée disent aux nouvelles générations la taille de certain marabout[1] dont l'ombre géante les domine encore.

Enfin, hors des vieux murs, dans une zaouïa écartée, les *aissaouas* récitent ou plutôt crient de monotones litanies autour de quelques tam-tams qui rythment leurs balancements, tandis qu'ils se percent le visage et le flanc avec des poignards aigus.

29 *mars*. — Les ruines de Sbeïtla, ruines aux pierres brûlées, jaunies par le soleil comme celles de l'acropole et, comme elles, encore debout, forment une masse lourde, mais imposante. Sbeïtla fut l'œuvre d'un peuple dont la domination s'affirmait par une architecture qui résiste au temps.

Mais un spectacle plein d'intérêt nous attend. Sous un arc de triomphe, en face de trois temples, quatre-vingts cavaliers et quelques milliers d'Arabes défilent : la *fantasia* va commencer. Sur leurs chevaux de toutes nuances, aux harnachements précieux et derrière lesquels flotte dans le vent de la course un drap brodé d'or, nous allons voir passer, en un galop fantastique, les guerriers qu'*Abdès Selem Gaïd* et *Mohamed ben Belgassem*, caïds des *Fraichiches* et des *Madjers*, ont réunis pour nous faire honneur.

Isolés ou par groupes, ils passent, brûlant la poudre

1. Marabout signifie, suivant le cas, soit le pieux personnage sanctifié par une vie d'ascétisme et de contemplation, soit la petite mosquée qu'il dessert.

Kairouan (p. 7).

Sbeïtla. — Les trois temples (p. 8).

des carabines, qui laisse derrière eux un panache blanc. Ils se grisent de bruit et de vitesse. D'aucuns portent trois ou quatre fusils qu'ils déchargent successivement, qu'ils lancent en l'air pour les rattraper au vol. Parfois, ils jettent leur arme à terre, font demi-tour, s'inclinent jusqu'au sol et la reprennent, sans ralentir l'allure de leurs chevaux.

Sous le soleil qui baisse, les ombres s'allongent, tandis que sans arrêt ils passent, repassent devant nous et devant trois chameaux caparaçonnés de rouge, sur lesquels, à l'abri des tentures, se dissimulent leurs femmes.

Pendant que la petite troupe se disperse et que les deux caïds nous offrent une coupe de champagne — du Moët et Chandon, s'il vous plaît — quelles paroles de haine Arabes et cavaliers échangent-ils entre eux au sujet du roumi[1] victorieux !

Maintenant il fait sombre; sous l'abri d'une tente en poil de chameau nous regardons se dérouler une fête indigène. Les Bédouins venus à la réjouissance se pressent autour d'un grand feu, qui vacille au vent froid de la nuit et qui éclaire, par instant, leurs burnous blancs ou fait danser leurs ombres sur le sol gris.

Deux indigènes, l'un costumé en femme, l'autre en bouc, se livrent à des gesticulations ; des animaux fantastiques (deux hommes qui ont jeté une peau sur leur tête) évoluent, s'accroupissent ou se relèvent;

---

1. Roumi (Romain) dont les Arabes ont fait synonyme de chrétien.

dans un coin, déguisé en administrateur, un *Arbi*,
coiffé du casque colonial, parodie la justice française. — Sommes-nous vraiment dans le bled? Ne
se croirait-on pas plutôt à une *Revue* des Folies-Ber-
gère ?

Le grand feu flambe toujours au milieu de la place ;
à coups de bâton ou en jetant sur leurs pieds des
tisons rouges, on élargit le cercle des indigènes trop
curieux. Voici venir des danseurs, des chanteurs
qui entonnent des mélopées lentes et nasillardes.

Quand nous serons partis, cette foule silencieuse
s'animera, se pressera autour des danseurs, les exci-
tant avec des accents rauques qu'elle apprit, sans
doute, des bêtes du désert : la vraie fête arabe com-
mencera.

30 *mars.* — Notre voyage se poursuit. Le silence
de la grande plaine n'est interrompu que par le halè-
tement régulier de la locomotive.

A travers la solitude des sables jaunes poussent,
çà et là, des touffes d'herbe rare, servant de nourriture aux troupes de chameaux. Près des paisibles
bêtes, parfois se dessine la silhouette d'un bédouin
barré de son long fusil. Plus loin, c'est un douar[1],
tache noire sur le bled gris. Les tentes, figurant elles-
mêmes un profil de chameau, semblent des animaux
singuliers accroupis sur le sol et qui, bientôt, repar-
tiront pour le désert. Là-bas, à gauche, la ligne vio-

---

1. Agglomération de tentes arabes.

SbeÏtla. — La foule se rendant a la fantasia
passe sous l'arc de triomphe (p. 8).

SbeÏtla. — La fantasia (p. 9).

lette des montagnes s'infléchit, elle paraît maintenant se dresser devant nous. Le pays devient entièrement désertique, la vue est limitée de tous côtés par des dunes que creusent de profondes érosions, puis, subitement, l'horizon s'éclaire à nos yeux du reflet bleu d'un chott : nous voici dans les oasis du Djérid dont la palmeraie recouvre la plaine d'une sombre parure.

31 mars. — Les 400.000 palmiers de Tozeur nourrissent de leur sève sucrée — vin de palmier — de leur cœur blanc et tendre, de leurs dattes enfin, plus de 10.000 indigènes. Le bois des troncs de palmier sert d'armature aux gourbis en terre, l'ombre des palmiers aide ce peuple du désert à vivre sous le soleil. Là-bas, à la limite de l'oasis et des sables, à la frontière de la vie et de la mort, l'oued qui jaillit du sol arrose les jardins de Tozeur avec ses eaux sinueuses. Ici, la terre, que des submersions périodiques humectent et débarrassent de son sel, porte trois étages de verdure.

Cette après-midi, sous les ombrages des plantations de *Sidi-Abder-Rahman ben Abdallah Soudani,* où ce notable Djéridien nous faisait offrir par ses serviteurs noirs du café parfumé et des pommes d'or cueillies, sans doute, au jardin des Hespérides, je me croyais dans quelqu'un de ces pays au milieu desquels les contes des Mille et une Nuits transportèrent nos imaginations d'enfant. La maison de cet homme riche est ornée d'arabesques bizarres que dessinent des briques placées en parement.

Il y a neuf siècles, alors que Tozeur comptait cent mille habitants, elles devaient être nombreuses ces demeures opulentes aux murs couleur du désert. Disposées en des rues à angle droit — pour mieux résister aux attaques — quelques-unes sont encore debout, les autres se sont effritées et le vent du sud a balayé le tumulus de sable qui en marquait l'emplacement.

Aujourd'hui l'indigène, naguère encore la proie des pillards, vit misérablement derrière des murailles de brique crue, adonné à l'alcool, à l'opium, au haschich. Les sables lentement envahissent l'oasis : par bonheur, le roumi veille.

1er *avril.* — Cette nuit, une pluie torrentielle tombe ; en vain avions-nous fermé les fenêtres de nos wagons, il nous fallut frissonner jusqu'au matin sous le vent froid qui passait par les portières disjointes.

Quand je m'éveillai, un phare jetait dans le compartiment son éclair périodique. A Sfax, le ciel s'était balayé ; l'itinéraire tracé par l'*Association française pour l'avancement des Sciences* allait ramener les congressistes vers Tunis.

Désirant visiter Tripoli, j'abandonnai mes compagnons de voyage et courus au port pour m'embarquer. Comme Philéas Fogg, dans le *Tour du monde*, j'arrivai après le départ du bateau et, comme lui, je résolus de le devancer à sa prochaine escale. Donc, je pris

Oasis de Tozeur (p. 11).

Tozeur (p. 12).

place près d'un cheik dans un automobile en partance pour Gabès.

Sur la route toute droite, nous voilà courant à travers le bled. Midi devait nous amener au but, mais midi nous trouve en panne, grignotant quelques figues sèches oubliées dans le fond d'un sac.

Par bonheur, rien d'éternel, même les pannes ! Nous repartons, atteignons enfin la zone des palmiers, et voici que derrière leurs troncs des négresses aux visages obscurs, enveloppées de manteaux noirs, nous regardent passer. Toujours à vive allure, nous traversons les rues larges du nouveau Gabès. Sous une tonnelle, Marius, le légendaire hôtelier, son grand feutre sur la tête, absorbe un quarante-neuvième apéritif. Près du môle, des douaniers vont et viennent.

Dans une blanche maison, une voix, qui chevrote, hurle des vocalises :

> « Oh ! légère hirondelle,
> Messagère fidèle... »

Les voyageurs que le *Peloro* va prendre tout à l'heure font les cent pas le long de l'oued. Un lieutenant français, en uniforme, est venu serrer des mains ; sa jeune femme, Grecque, dit-on, moulée dans un costume bleu-marine, parle avec la même volubilité le français et l'italien. Elle flirte et son partenaire, jeune homme brun, vêtu de noir, prend un air fatal. — Sur quelle rive de la Méditerranée sommes-nous donc ?

Maintenant la chaloupe nous emmène vers le *Peloro*, tout empanaché de fumée ; je regarde encore la palmeraie, qui barre l'horizon d'une dentelle verte, puis, là-bas, du côté de Djerba, les lointains roses sous la lumière.

2 avril. — L'écume des vagues jaillit en fusées sur les récifs qui forment le port naturel de Tripoli. Quelques indigènes, amenés par le *Peloro*, se démènent sur le pont, le navire est entouré de barques dansantes, car la mer est assez forte. En amphithéâtre, la ville étale devant nous ses forts démantelés, ses minarets et ses palmiers.

Mes passeports visés, je débarque au milieu de fachini qui, sous de fallacieux prétextes, me réclament des pourboires. Une foule bigarrée s'agite sur le port : Arabes drapés dans une sorte de toge qu'ils passent par-dessus leur tête, nègres coiffés d'un fez blanc, négresses vêtues d'étoffes rouges, Siciliens débraillés, le chef orné parfois d'un fez à pompon bleu, Italiens raides dans un complet de bains de mer, soldats et officiers en uniformes kaki.

Dans les ruelles mal odorantes, des juifs tiennent leur échoppe de bric-à-brac, des tisserands fabriquent des pagnes, des brodeurs ornent des gilets dorés, des boulangers cuisent des pains, rangés sur une planchette posée au milieu de la chaussée, des mendiants étalent leurs infirmités.

Depuis l'occupation de la ville, presqu'aucune maison neuve ne s'est élevée : il y a interdiction de

Sfax (p. 12).

Tripoli. — Dans la ville indigène (p. 15).

bâtir avant que les autorités italiennes aient dressé le plan de la Tripoli nouvelle. De plus, comme dans tous les pays musulmans, on rencontre de sérieuses difficultés pour établir les bases de la propriété du sol. Celle-ci, en effet, dont la coutume ou la religion attribue une quote-part aux divers membres des familles, reste indivise entre eux. Ayant traité avec un des possesseurs, l'Européen se voit aussitôt assailli par une foule d'ayants droit qui viennent réclamer leur dû avec moins de mauvaise foi qu'on ne pourrait le penser.

L'architecture de la ville, à peine modifiée depuis l'occupation, est composite comme la population même et manque de couleur locale. Des maisons arabes, blanchies à la chaux, s'élèvent entre des maisons italiennes badigeonnées de bleu ou de rose et des maisons juives ornées de mosaïques. Les rues, voûtées par endroit, évoquent une vieille ville italienne plutôt qu'un antique repaire de pirates. D'ailleurs les mœurs introduites par le conquérant ne sont-elles pas là pour compléter cette illusion ? Guidé par de grandes affiches, n'ai-je pas été un soir — oh ! ironie — à vingt minutes du désert, voir les films d'art *della casa Gaumont di Parigi* ? Soldats, Siciliens, indigènes se pressaient pour suivre une pièce naïve : « Amore d'oltra tomba. » L'amour, l'argent, la mort s'y mêlaient d'étrange sorte et, comme de beaucoup de drames populaires, il s'en dégageait une saveur amère.

La *Mechïa*, l'oasis de Tripoli, s'étend surtout à l'est

et au sud-est ; on y compte, dit-on, plus d'un million
de palmiers. Là, point d'eaux vives, ainsi que dans
nos belles oasis tunisiennes de Tozeur ou de Gabès,
mais, pour en tenir lieu, d'innombrables puits. Des
chameaux, des bœufs, — des femmes même chez les
pauvres — tirent inlassablement la *guerba*, outre en
peau de bouc qui déverse son eau dans les canaux
d'arrosage. Néanmoins, les cultures ne sont pas aussi
développées qu'elles le devraient ; l'indigène quitte la
ville conquise et le mouvement créé par l'occupation
n'a pu encore conjurer la crise. Toutefois, avec la *paix
romaine*, la prospérité ne manquera point de revenir.

A l'heure actuelle, la sécurité est assurée autour
de Tripoli sur un rayon de cent cinquante à deux
cents kilomètres, jusqu'au delà du *Djebel Ghariane*,
mieux arrosé et plus fertile que le littoral. D'impor-
tantes soumissions, provoquées par les derniers combats, semblent devoir mettre fin à la période proprement guerrière de l'occupation. De plus, le génie
italien entend mettre Tripoli — aussi bien d'ailleurs
que Benghasi — à l'abri d'un coup de main par la
construction d'une immense muraille en béton armé,
mesurant plusieurs kilomètres de diamètre. Un
réseau de fils de fer, des bastions et l'artillerie de
quelques fortins en assurent, dès à présent, la
défense.

Du côté ouest, le *Djefara*, le désert qui encercle
l'oasis, commence au pied même de l'enceinte. L'explorer, si peu que ce fût, était tentation trop grande
pour que j'y pusse résister.

TRIPOLI. — UN COIN DU MARCHÉ (p. 15).

TRIPOLI. — LA GUERBA (OUTRE EN PEAU DE BOUC) SE DÉVERSE (p. 16).

3 avril. — Sur la place, je loue un cheval dont la queue longue et noire se balance, et, dépassant les sentinelles, je franchis la muraille.

A main droite, des lagunes de sable rose frangées d'écume s'avancent dans la mer, à main gauche s'ouvre la steppe, devant moi les dunes s'étendent, coupées parfois d'un bouquet de palmiers, d'un minuscule carré de verdure, ou d'une flaque d'eau qui scintille, sous la lumière, au fond d'un oued[1] desséché. La palmeraie de la *Mechïa*, ligne sombre au long des dunes, guide ma course. Je croise les rails d'un chemin de fer, une caravane de chameaux revenant vers quelque douar caché derrière l'amoncellement des sables, un détachement d'infanterie rentrant à Tripoli. Mon regard erre du ciel bleu clair qui éblouit, des lointains violets qui limitent l'horizon vers *Ghariane*, au *Djefara* morne, sans ombre, hors la mienne, toujours fidèle, chevauchant à mon côté.

Tandis que s'écoulent les heures, derrière moi disparaissent et la petite tache blanche du fort de *Sidi Mensri* et le grand pylone près duquel le génie italien ira, à sept cent cinquante mètres sous la steppe, chercher l'eau, dans l'espoir de faire reculer le désert.

Le jour baisse, je presse l'allure pour regagner l'oasis. L'ombre de la palmeraie n'est point silencieuse : les poulies, au-dessus des puits, font entendre leur grincement ininterrompu.

1. Cours d'eau.

Maintenant le disque pâli du soleil effleure presque l'horizon, change en poudre d'or le sable que soulève le mulet d'un Arabe se hâtant vers son gourbi [1]. Quelques moricauds courent après moi : « Capitano, uno soldo, capitano ! »

A l'approche du faubourg, la palmeraie s'éclaircit ; là, un tronc sans feuilles, ici, un palmier couché sur le sol. On s'est battu de ce côté, près du cimetière musulman. Les longues pierres triangulaires, gardiennes des tombes, n'ont pas frémi au bruit de la poudre, mais quelques croix sont venues rompre leur alignement uniforme, qui marque, pour le voyageur, la route de la Mecque.

4 avril. — Le départ du *Peloro* m'oblige à quitter Tripoli de Barbarie, sa palmeraie, son désert où j'eusse aimé retourner. J'ai six jours de voyage devant moi : deux jours pour gagner Sfax, une journée de chemin de fer pour aller à Tunis, deux jours de traversée et encore une journée de chemin de fer pour rentrer à Paris.

Cherchant de l'ombre, car il fait chaud ici, je me suis assis en un coin, sur le pont, et tandis que nous glissons sur l'eau immobile, dans la lumière crue, je songe aux brumes vaporeuses du pays de France, au soleil clair et doux qui est celui de ma patrie.

1. Mot arabe signifiant hutte, cabane. Généralement le gourbi est fait de branchages.

LA SÉNÉGALAISE

Etiam periere ruinæ.
LUCAIN.

Vous m'avez demandé, madame, un conte que vous puissiez lire quelque soir d'insomnie. Je vous offre le récit du rêve que je fis l'autre nuit.

Vous savez que sur la colonne de marbre blanc qui se dresse en face de ma table de travail, j'ai posé le crâne au rictus singulier d'une Sénégalaise. Je le trouvai, ce crâne, dans la boutique d'un brocanteur du quartier, entre un kriss couvert de rouille et un yatagan sans pointe.

Donc, ce soir-là, l'heure déjà s'avançait ; sous la lumière bleue de ma lampe à mercure j'avais couvert de longues feuilles d'algorithmes bizarres. L'air de la nuit entrait par la fenêtre ; j'éteignis ma lampe et je m'aperçus qu'on voyait clair dans la pièce. Pendant que je travaillais, la lune s'était levée : elle effleurait mon front de la subtile et fraîche caresse de ses rayons ; sur la colonne de marbre, elle illuminait le crâne de ma Sénégalaise. — Serrées en leur sinistre ricanement, les trente-deux dents d'ivoire étincelaient ; sous l'ombre des orbites, je ne sais quel regard éteint se rallumait et, se posant d'étrange sorte sur le mien, semblait parler ; comme une pensée devant une autre pensée se dévoilerait, je crus comprendre, je crus entendre :

« Sorcier chrétien, stupide et ignorant, tandis que tu cherches à fixer sur tes tablettes de matière morte le frissonnement ténu de l'éther, tu ne vois point glisser vers le sud la déesse de la nuit, tu ne vois point les trépassés se réveiller, ni les vivants, par le sommeil accablés, descendre dans le royaume de la mort. »

Elle parlait et la blanche colonne de marbre, qui la portait, semblait se rapprocher :

« Malheur sur toi, sorcier chrétien ! — Si tes pareils, arrachant des profondeurs du sol mes restes sans beauté, m'ont profanée, toi, tu n'as pas craint d'exposer aux regards de tous ce crâne décharné où s'ouvrirent mes yeux, où sourirent mes lèvres ; par un tel sacrilège tu voulus satisfaire ton orgueil, te cacher que tu trembles à la pensée de la terre qui bientôt te recouvrira... La Sénégalaise, sache-le, se venge des outrages.

« Regarde-moi bien, tu ne retrouveras nul reflet de moi-même sur ces ossements blanchis. J'étais fille d'esclave, mais j'étais belle, mais je savais allumer le désir, je savais commander d'une voix que seule l'ambition rendait parfois tremblante. — J'étais fille d'esclave et je devins la maîtresse d'un chef, la reine d'un empire. J'étais fille d'esclave et tous tremblaient devant moi. Un geste de ma main, et le sang tiède et rouge de mon ennemi venait, voluptueusement, baigner le bout de mes pieds nus.

« O étranger, j'étais aimée, redoutée, obéie toujours, aucune puissance ne surpassait la mienne, — aucune, hormis celle du temps !... Le temps, maître des maîtres, pouvais-je l'arrêter en sa marche? Il flétrit ma beauté, éteignit, chaque jour un peu plus, le désir et la crainte que je savais inspirer à tous : l'altière sultane devint une vieille femme, insultée, misérable... Le temps, puis la mort, son alliée, du pur ovale de mon visage firent ce crâne hideux que, par dérision, tu as posé sur le marbre de cette colonne.

« Sorcier impie et orgueilleux, l'heure de ma vengeance est venue ; vois ces caractères que ta main a tracés, ils t'apportaient la gloire, car ils ont emprisonné les lois fuyantes du devenir universel; par eux, tu aurais vécu en dehors des temps, tu aurais échappé à l'oubli, car ton nom, que les générations futures eussent prononcé comme celui d'un sorcier inspiré des dieux, devait traverser les siècles ! — Vois ces caractères, lis-les une dernière fois... d'un geste, je les efface. »

La colonne de marbre, maintenant, se dressait tout contre moi; dans l'angoisse, je contemplais — m'apparaissant en pied — le squelette de celle qui n'était plus. Sur mon front, je sentis le contact d'un doigt, ou plutôt d'un ossement et la voix irritée reprit :

« Vois, ces caractères que tu avais tracés, je les

efface ; — leur souvenir, sous ton front, je l'efface à jamais... »

L'éclat de la lune s'atténuait, l'aube blanchissait l'horizon, le froid du matin venait de m'éveiller ; je me retrouvais assis devant ma table d'étude.

A sa place, la colonne de marbre supportait le crâne au ricanement sans fin, sur mes feuillets blancs, quelques lignes à demi tracées témoignaient du travail qui avait précédé le sommeil :

Repose en paix, pauvre Sénégalaise, grands ou petits, célèbres ou obscurs, le temps nous couvrira tous de son ombre et les ruines que nous laisserons après nous — comme nous-mêmes — périront.

RETOUR DE PROMENADE

Dans l'obscurité tombante du soir, les premières lumières commencent à briller. La fraîcheur nous fait frissonner, tandis que nous descendons vers la berge, vers les quais, qui affectent sous la brume des aspects de rêve.

Le petit vapeur s'arrête, il nous prend, nous emporte sous les arches basses des vieux ponts de pierre, sous les arcs ajourés des passerelles.

Nous nous sommes placés à l'avant et nous nous tenons penchés au-dessus du bastingage pour regarder jaillir les gouttelettes d'eau noire, pour nous sentir plus seuls, plus entièrement l'un avec l'autre. La main de ma compagne, que le froid raidit, se crispe sur mon bras et le battement régulier de la machine semble nous compter les instants qui nous appartiennent encore.

Nous restons silencieux : quelle songerie poursuit la jeune femme ? Je glisse un regard vers son visage sérieux, elle s'en aperçoit et dit :

« Ne cherchez pas à lire dans ma pensée, la réalité est toujours au-dessous de nos rêves, la réalité

est décevante ; ne cherchez pas à lire dans mon cœur,
il a depuis trop de temps dépouillé la candeur de ses
vingt ans pour se montrer exalté par la joie, abattu
par la désespérance, depuis de trop longs jours la
morne sagesse en a éteint les folles vibrations. »

D'une voix légèrement ironique, je risque une citation :

« J'aime ce que tu aimes, ô nature, donne-moi ce
que tu veux, reprends-moi ce que tu veux, rien n'est
pour moi prématuré ou tardif qui est de saison pour
toi, ô nature. »

Elle sourit :

« Du Marc-Aurèle ! — J'ai des lettres, vous le savez,
mais j'ose m'insurger contre l'impérial stoïcien ;
certes, je comprends et recherche même la résigna-
tion, vertu bien nécessaire à la pauvre humanité,
par contre, je refuse mon approbation aux cruautés
de la nature. Je me sens une âme, moi ; la nature,
froide, aveugle, indifférente, n'en possède point. »

— Le savons-nous, m'écrié-je, et, d'ailleurs, que
savons-nous de rien !

Puis je me tus, car je suis un amant de la nature,
car je suis amoureux de sa beauté aux nuances tellement nombreuses que nous ne pouvons même toutes
les voir, car j'adore pieusement en mon cœur le
grand souffle de vie qui l'anime, — que ce soit dans
les espaces vides où frissonne l'éther, que ce soit dans
les astres éteints, comme notre terre, où l'on vit,
où l'on aime, où l'on meurt.

SOUVENIRS ET ASPIRATIONS

Oh ! les beaux jours de ma première jeunesse.

De ma table de travail, j'apercevais la mer bleue, près de ma fenêtre se balançaient de hauts palmiers qui, sous la lumière verticale, prenaient une luminosité sombre. Ouverts devant moi, de doctes in-octavo me faisaient connaître la vie silencieuse et intense que leurs feuillets recèlent et je goûtais l'âpre volupté de sentir brûler mon front.

Et cependant, vienne mon heure de sublime passion ! Science acquise au prix de ma vie invécue, ambition dominatrice qui courba mon libre instinct, j'abandonnerais, je sacrificrais tout pour connaître l'enivrement suprême... la nature, le monde entier ne sont qu'une suite de radieux éclairs d'amour dont précisément s'échappe la vie. — Alors, je vous mépriserais, pauvres efforts de mon passé studieux, et je te renierais, bonheur intérieur que j'éprouvais à suivre dans leurs développements les calculs de la mathématique universelle, à saisir enfin, dans leur simplicité même, la complexité du réel.

DANS LE MASSIF DES MAURES

Avez-vous parfois abandonné pour quelques jours vos tracas, vos travaux et, vous saisissant d'un bâton de chemineau, avez-vous parcouru plaines et monts, couchant, selon le hasard des crépuscules, sur la paille que vous offrait l'hospitalité d'un berger ? Moi, après huit jours d'une telle vie, je sens descendre dans tout mon être la gaîté silencieuse et sereine de la nature.

Or donc, sac au dos, bâton en main, tous mes soucis envolés, un matin de novembre me voici sur le sentier qui monte, descend, s'allonge et jamais ne prend fin.

Parti de la plage du Lavandou pour traverser la montagne, parmi les pins chantants et les hauts chênes-lièges, l'une après l'autre les heures passent, je suis pris de cette griserie de la marche, faite d'air libre, d'espace, de lumière : nulle part mieux que dans la solitude des champs nous ne nous sentons vivre, ni plus joyeusement.

Mais, si j'oublie de consulter ma montre, mon esto-
mac, sans doute, surveille la sienne et soudain fait
entendre d'impérieuses réclamations. Une maison
forestière est ma première halte. Servi en plein air,
sous le vent parfumé de la montagne, le modeste
repas me paraît un festin.

Bientôt reparti, d'une allure moins diligente, toutefois, je m'attarde de-ci de-là, jouissant d'une ombre
fraîche, m'arrêtant au bord d'un ravin, suivant du
regard le soleil qui s'abaisse vers l'horizon. Enfin
j'arrive à Bormes, vite je monte au château pour
voir, sur la rade, le couchant achever de mourir.

Ma deuxième journée me rapporte l'humeur allègre
de la première ; sous mes pas, les châtaigneraies
déroulent leurs sentes sinueuses. Je gagne ainsi Col-
lobrières et déjeune, mais le soir tombant ne m'amène
qu'au hameau de la Capelude (une trentaine d'habitants); ici, point d'hôtel pour recevoir le voyageur.

Une femme chante, sa voix claire me guide, m'arrête devant sa maison ; je demande l'hospitalité. Le
mari, après avoir considéré sur ma joue la balafre
laissée par une récente chute de bicyclette, s'être
enquis du lieu d'où je venais, de celui où je me ren-
dais, me fait signe d'entrer.

Au fond de l'âtre, la soupe cuit sur un feu de brindilles. Le père reprend son jeu avec ses bambins :
« Les enfants sont la joie des parents », me dit-il
avec simplicité. La petite aînée, maternelle, empêche
son plus jeune frère d'approcher du feu : « Cela

brûle ! » répète-t-elle, et comme le bébé contrarié
pleure, elle le console à gros baisers.

Cependant l'hôtesse s'affaire, puis, cordiale, pose
devant chacun de nous une assiette emplie d'un bouil-
lon roux, sentant l'ognon, dans lequel nous émiet-
tons le pain rassis jusqu'à ce que, suivant l'expression consacrée, la cuiller s'y tienne debout.

Le Touring-Club de France fait une enquête culi-
naire : quel mets vaudrait la soupe du paysan après
des heures de marche par monts et vallées ? C'est le
brouet des Spartiates.

On avait mis en mon honneur les petits pots dans
les grands, la jeune femme pose sur la table, tout
fumant, un plat de morue aux tomates : quelles
délices ! Et dire que je n'aime pas le cabillaud, sauce
mousseline !

Néanmoins, il n'est appétit qui ne se rassasie ;
les enfants quittent la table, leur mère la dessert ;
les voisins — nous en comptons douze — viennent
pour passer la soirée.

Les jeunes hommes ont presque tous l'anneau au
doigt, portent moins que leur âge, les vieux font
montre d'une verdeur que j'apprécierai à grosses
gouttes de sueur, le lendemain, lorsque l'un d'eux
me servira de guide dans un passage difficile. Les
femmes sont proprement et même coquettement
mises et aucun regard louche ne les effleure ; chez
ces hommes frustes, proches de la nature, point de
propos grossiers ni de pensées malsaines. On parle
moitié français, moitié provençal, on s'entretient des

amis vivants et de ceux qui ont cessé de l'être. A
peine une anecdote un peu vive et risquée : vous la
redirai-je?

Ce printemps, en la demeure de deux jeunes
mariés, de facétieux camarades avaient scié les
cordes du lit-pliant de telle sorte que, sitôt les jeunes
gens assis sur ce lit, celui-ci s'effondrât d'un seul
coup. Les mauvais garnements ajoutaient qu'au lieu
de s'aller coucher, ils escaladèrent la muraille jusqu'à hauteur d'une lucarne, pour assister au drame.

Sur les huit heures et demie, tout le monde se
retire, je gagne le grenier à fourrage où, roulé dans
une couverture, pelotonné dans le foin, je vais passer
la nuit en compagnie de deux cantonniers.

Dès cinq heures, muni de sa lanterne, le maître du
logis, au-dessous de nous, soigne les bêtes ; peu
après, mes compagnons et moi, nous nous levons;
une tasse de café chaud m'attend.

En soldant ma dépense, je remercie mes hôtes de
leur cordialité et m'éloigne. Le long de la rue, je
salue les voisines ; celles-ci, déjà coiffées avec grâce,
se tiennent sur le seuil des demeures pour dire adieu
à l'étranger entrevu la veille.

Mélancolique, pourquoi? Peut-être parce que je
pense que je ne rencontrerai jamais plus ces paysans
simples et bons. Mais les heures au loin m'emportent :
je descends, puis remonte, je traverse le massif de
la Verne.

Voici la Chartreuse du même nom, ses ruines, ses
cloîtres où jadis passèrent et repassèrent les moines

en robe de bure. Des brumes du lointain, les Alpes, spectatrices éternelles de nos vaines agitations, se dressent, couvertes de neige.

Le soir, à Cogolin, visite rapide de l'église du XIᵉ siècle et de la tour carrée du beffroi ; enfin la servante de l'hôtel place mon couvert près de celui d'un voyageur de commerce, lequel fond sur moi comme sur une proie, et parle, parle, rien ne saurait l'arrêter. Le nez dans mon assiette (j'ai grand appétit) j'opine parfois du bonnet, sans prononcer un mot et cela paraît pleinement satisfaire le bavard, qui, plus tard, racontera peut-être avoir en ses tournées fait connaissance d'un jeune homme dont la conversation était aussi remplie de sens que d'agrément.

Dernière aventure de ce court voyage. Sur mon chemin, je rencontre un hameau dont les habitants, petits et grands, sont tous partis pour la récolte des champignons ; seuls, des maçons, venus-là pour relever une muraille, mangent parmi des truelles éparses. J'ai faim, mon sac est vide, je leur demande de partager leur déjeuner. Ils m'accueillent le mieux du monde, et bientôt je dévore à belles dents des haricots secs, arrosés d'huile. Nous parlons... politique. Non sans peine ferai-je ensuite accepter aux maçons hospitaliers une juste rémunération. — Les braves gens que ces habitants du massif des Maures !

Hélas ! finies mes brèves vacances, finie ma vie de chemineau, je redescends vers la prochaine station du railway, Le Luc ; un train du soir va me ramener, demain j'aurai repris mon existence de citadin.

Ce ne fut certes point pour décrire des lieux que tous les guides dépeignent avec science et méthode que j'ai plongé dans l'encre ma plume de touriste, simplement, j'ai voulu redire une fois de plus, après tant d'autres ! le charme de ces retours *momentanés* aux mœurs rustiques, à l'air des champs, voire même à la solitude ; j'ai voulu aussi rappeler l'allégeance qu'on en rapporte, allégeance qui rendra moins pénibles nos soucis et plus faciles nos travaux.

IMPRESSIONS DE ROUTE ET DE VITESSE

Ce matin, à Beauvais, nous avons déjeuné avec un homme politique — qui aime les poètes ! Il brasse, dit-on, des affaires sans nombre (il finit même par nous quitter dans l'intention d'aller bourrer sa serviette de papiers administratifs), mais il trouve le temps de lire les vers de nos décadents, mieux encore, il leur découvre des places, pour qu'ils ne meurent pas de faim. En sa jeunesse, raconte-t-il, il fut un dévot de Lamartine et, afin de nous le prouver, il nous récite au dessert :

> « Le livre de la vie est le livre suprême,
>
> . . . .
> « On voudrait revenir à la page où l'on aime
> « Et la page où l'on meurt est déjà sous nos doigts. »

Sa fille est une enfant svelte et souple, qui sera bientôt « à la page où l'on aime » et ne songe point encore « à la page où l'on meurt » ; pour l'instant, elle égrène ses rêves au fil des jours.

Quand vint le soir, en hâte nous repartîmes. Je repris

3

le volant et, d'une allure plus que rapide, me dirigeai vers l'ouest.

Le vent caresse rudement mon visage, il dresse mes cheveux sur mon front ; la poussière du chemin tourbillonne et s'envole avec nous, — écharpe de lumière sous le soleil dont le gros disque rouge descend vers l'horizon.

Les arbres de la route, eux aussi, paraissent emportés en une course éperdue ; ils ouvrent, au bout d'une longue perspective, une porte étincelante, embrasée par les rayons du couchant, tandis que le moteur emballé accélère ses battements.

Bientôt, il nous faut traverser une forêt ; dans l'humidité du sous-bois et l'air glacé de cette fin de jour, nous nous sentons transis. — Est-ce vraiment de froid ? Nos nerfs, tendus par la vitesse exagérée, nous feraient-ils pressentir que nous en sommes peut-être « à la page où l'on meurt ? » Mais non, le froid reste seul responsable, car nous allons toujours.

Les gros yeux de la machine, qui ne voient que la nuit, se sont illuminés. Au loin, devant moi, je devine la route, toute droite, à la petite fente que trace le ciel clair par-dessus les grands arbres, — les arbres, ombres fuyantes, s'évanouissent dans les ténèbres ; puis, la petite fente elle-même s'obscurcit, la luminosité du ciel s'éteint, seule une étoile perce parfois la voûte ombreuse, pendant que les troncs blancs des hêtres, sous l'aveuglante clarté projetée par les phares, défilent follement, défilent sans fin à mes côtés.

Le pied sur l'accélérateur, l'œil fixe, j'essaie de voir dans la nuit — et peut-être dans l'avenir. Enfin, nous voici hors des bois ; le ruban de route continue de se dérouler d'une façon vertigineuse, sous les roues, des silex heurtés jettent des étincelles, le moteur frémit sourdement : nous roulons, nous roulons...

Soudain, à l'horizon, monte une lueur, on dirait qu'un astre inconnu se lève au milieu d'une aurore : c'est la lumière d'une grande ville et, pour nous, c'est l'arrivée.

LE CHEMINEAU REPREND SON BATON

C'était par un beau jour d'été. Pas un nuage dans le ciel implacablement bleu. Il faisait chaud, si chaud que j'avais vu un pauvre papillon blanc, à bout de forces, s'abattre sur le chemin, agiter ses ailes défaillantes avec désespoir, avec impuissance, puis les replier enfin, commençant de sentir la grande indifférence qui allait le guérir de la chaleur passée et du froid de l'instant présent.

Depuis l'aube, au bruit de mon bâton frappant le sol, je suivais l'interminable route, mais, las enfin, sous un bouquet d'arbres dont la fraîcheur me tenta, je déposai mon sac de chemineau, m'étendis sur la mousse et m'endormis profondément, — ōh! à ce point profondément que ie ne sais plus si j'ai rêvé ou vécu la fin du jour.

Assurément la brise secouait la ramure, car j'entendis : « chut ». Je me retournai et j'aperçus, à demi estompée par l'ombre, voilée par le feuillage, une forme svelte, blanche, rose... je ne sais. Le doigt sur sa bouche, une jeune fille au clair visage me souriait et ces paroles m'arrivèrent :

« Laisse-moi t'approcher, lointain voyageur, laisse mes yeux plonger dans tes yeux où se sont mirés des cieux inconnus, laisse ton souffle effleurer mon souffle; je t'aime, lointain voyageur, permets que ma main s'appuie sur ta main, que mon front, blond sous mes blonds cheveux, se presse sur ton front par le soleil et par le vent bruni, sur ton front qui, je le devine, n'a point connu encore la douceur de se reposer sur le sein d'une femme aimée. »

Sans doute mon regard répondit-il au sien, car tout contre moi, elle vint se placer sur la mousse molle :

— Qui es-tu, voyageur, où vas-tu, d'où viens-tu ?

— Chemineau je m'appelle, et sans fin je chemine le long des chemins; chemineau suis-je, et sans trêve vais-je d'un pays à l'autre, cherchant quelque chose de nouveau, mais toujours c'est moi-même que je retrouve derrière le moment qui passe, derrière l'impression qui change. Quand je suis las, j'ouvre le grand *Livre du Monde* et j'essaie d'en déchiffrer les signes énigmatiques. Le parchemin en est gris, les caractères y sont gris et lorsqu'on les a lus, on ne saisit point leur sens. Les feuillets tournent, tournent : jamais le *Livre* ne prend fin.

— Chemineau, avec moi, tu cesseras d'être seul; ne sens-tu pas mon cœur battre près de ton cœur ? Chemineau de la vie, arrête-toi sous cet ombrage et, silencieux, attentif, tu entendras à jamais le murmure d'amour qui fait frémir au loin la nature, qui fait frémir l'univers entier : l'heure pour toi sera, non plus fugitive, mais éternelle.

—Enfant, vois-tu vraiment ton bras d'épousée, couvert de soie blanche, s'appuyer au bras du pauvre chemineau encore humide du dernier orage; enfant, vois-tu ma main malhabile soulever sur ton front la blanche couronne ! Je suis trop rude et te froisserais, je suis trop rude et ne saurais préserver ton amour de la flétrissure du temps ; enfant...

La brise dut à nouveau agiter la ramure, car, pour la seconde fois, j'entendis : « chut ». — Deux lèvres roses étaient toutes proches des miennes et nous nous tûmes longtemps... la chaleur appesantit nos paupières.

Je ne me réveillai que le soir : j'étais seul sur la mousse. Au loin, je promenai mon regard, mais il n'y avait dans la plaine que des épis fauchés. Les feuilles des arbres s'étaient desséchées sous le soleil. Je repris mon sac et mon bâton, me remis en route, morne et solitaire.

Je ne sus jamais si j'avais rêvé ou vécu cette fin de jour.

FEUILLE DE CARNET

C'est l'heure grise. La brume du soir descend, estompe la perspective du jardin qui semble l'orée d'une forêt. Les ailes de marbre noirci d'une statue de la Gloire, figée pour jamais sur son socle, s'ouvrent, s'ouvrent — impuissantes à prendre leur vol.

THÉ-TANGO

Un projecteur envoie son faisceau de lumière sur le couple qui danse, fait flamber la chevelure blonde de la jeune femme, accompagne celle-ci au cours des longs cercles qu'elle décrit, l'enveloppe, la baigne de clarté et vient parfois m'éblouir.

. . . .

Dans une demi-obscurité, valse commencée avec lenteur et terminée en tourbillon.

Lui, presque immobile ; elle, cou blanc, bras blancs sortant d'un fourreau noir, tourne au rythme de la valse dont le mouvement par degrés s'accélère ; ses cheveux voltigent sur son front, elle tourne, tourne toujours plus vite, vertigineusement vite... et sourit.

. . . .

Un gentleman vient chanter d'une voix sépulcrale l'ivresse des printemps évanouis.

. . . .

Jupe de velours vert, plume verte sur la tête, c'est

une petite femme menue, un gazouillis charmant,
et si preste quand elle danse, court, parle, — et si
joliment jeune !...

. . . .

Singulier minois d'Anglaise : deux prunelles noires,
profondes et sans expression, dans un visage pâle ;
une auréole de cheveux d'un blond décoloré.

. . . .

Vêtements bariolés, lèvres épaisses, un nègre
passe ; il va tout à l'heure gesticuler sauvagement.

. . . .

Un nouveau couple se présente. Elle, mince, trans-
parente presque, sous la lumière ; lui, svelte en son
smoking ; ils glissent, tels, sans doute, les dieux de
l'Olympe, ils glissent sans se toucher, tournant, évo-
luant, se retrouvant toujours l'un auprès de l'autre.
La musique doucement accompagne l'eurythmie de
leurs mouvements et attitudes.

. . . .

Oh ! le joli sourire qui m'effleure... Il me rappelle
celui d'une femme aimée... charme du sourire...
Tiens, l'horrible nègre qui vient offrir des fleurs à
« mon joli sourire... »

AU PALAIS DE GLACE

La voyez-vous, toute rieuse? La robe rose de ses quinze ans flotte, un peu courte, ses cheveux d'or, nappe fluide, couvrent ses épaules, une toque noire coiffe à la diable sa tête mutine.

La voyez-vous qui tourne et vire sur la glace? Son cavalier l'entraîne : ils se balancent, décrivent des courbes et cercles vagues — vagues comme son regard et comme son sourire — puis ils s'élancent, valsent au rythme du battement de leur cœur, tandis qu'à la ceinture de la patineuse de pâles roses de serre achèvent de s'effeuiller.

Mais voici que, mains disjointes, ils s'écartent, se rapprochent, ils parlent, se taisent... insouciance.

Pour vous, belle enfant blonde qui, mi-rieuse, mi-sérieuse, semblez lui conter tant de choses, les difficultés possibles de ce lendemain de fête ne vous apparaissent même pas, les tristesses de la vie (encore à son aurore) vous demeurent insoupçonnées : insouciance, insouciance...

Et ce pendant la Parque, d'une main paresseuse ou diligente, tisse votre *destin*.

A TRAVERS LE MAROC

CARNET DE ROUTE
12 avril — 25 juillet 1914.

12 avril 1914. — Quelques heures nous séparent
encore de Casablanca. Dès le petit jour, monté sur
le pont du *Chaouïa*, j'aperçois la terre d'Afrique
inhospitalière aux voyageurs, avec l'écume dont la
grande houle de l'Océan frange ses rivages.

Le ciel est maussade, il pleut par rafales, mais déjà
la côte se fait plus visible; elle apparaît basse, sans
arbres, la brousse qui la recouvre semble d'un vert
sale. Casablanca se distingue mal dans la brume.
Çà et là, les mâts d'un vapeur poussé à la côte, ou
la carcasse demi-pourrie d'un voilier qu'ensablent
les dunes, attirent nos jumelles.

Descendu quelques instants dans la soute aux
bagages, lorsque j'en remonte, j'aperçois de grands
navires noirs et rouges qui transbordent leurs car-
gaisons sur les barcasses du port.

Les canots de débarquement nous entourent. Aussitôt, vociférant, gesticulant, se battant, les indigènes
s'élancent, s'arrachent nos bagages, tandis que,

flegmatique, un marin, cravache au poing, s'installe à la coupée pour maintenir l'ordre. Victime de la bousculade, un jeune homme pâle tombe par-dessus bord, promptement ressaisi d'ailleurs par les bras vigoureux d'un indigène.

Après un atterrissage difficultueux, nous franchissons un mur d'enceinte lézardé : nous sommes à Casablanca. Dans une boue noire et gluante nous nous hâtons vers l'hôtel.

Casablanca, 15 avril. — J'habite en haut d'une terrasse. A gauche, la mer déferle, les vagues s'allongent sur le sable. Si loin que s'étende le regard, la campagne se déroule, verdoyante mais sans arbres, à peine ondulée, toute brillante de soleil, de sorte que les habitations des colons font, par endroits, comme des taches en cette immense steppe de lumière. Avec ma lunette je distingue les troupeaux du pâturage, l'Arabe sur sa mule, drapé dans un lainage sale, le Sénégalais, grand et mince, montant la garde près du fort d'Ihler. Au contraire, tout proches, ce sont des ateliers nouvellement construits. Voici qu'une étroite cheminée de tôle s'empanache de fumée; j'entends la scie à vapeur qui mord le bois, le battement uniforme d'une pompe qui alimente le quartier : l'activité bienfaisante de l'Européen transforme le pays.

Peints par eux-mêmes. — Lu dans un journal, rubrique faits divers : « Un indigène, sous prétexte de choisir un foulard, disparaît en emportant quatre…

Port de Casablanca (p. 47).

La ferme bretonne (p. 50).

La police a surpris un entrepreneur frappant un indigène qu'il venait de jeter à terre. » — Comme on le
voit, les mœurs ne sont encore ni honnêtes ni très
douces.

18 avril. — Par des rues assez mal tracées que
l'accomplissement de travaux de voierie laissent
défoncées, encombrées de matériaux de construction,
j'ai traversé au trot de mon cheval Casablanca,
grande ville sortie de terre depuis 1907. Ajoutons
que trop hâtivement bâtie, trop nouvelle enfin, cette
ville n'offre pas un intérêt bien grand à la curiosité
du voyageur et il me tardait d'en sortir.

Maintenant s'ouvre le bled ; des palmiers nains,
des fleurettes d'or, des tapis de clochettes bleues et
transparentes coupés, çà et là, par l'orge jaunissante
ou par des bandes de terre noire qu'on vient de
défricher, s'étendent indéfiniment. Ma monture,
d'elle-même, a pris le pas et, lentement, nous nous
éloignons de la mer.

Je rencontre un de ces *douars*[1] que les indigènes,
chassés de la ville, ont établi alentour. Aussitôt, de
chaque tente s'élance un chien hurlant, à la voix fêlée,
mais dont la lèvre retroussée montre une belle rangée
de dents blanches. Les femmes les rappellent avec
des glapissements aigus, d'ailleurs, je brandis ma cravache et sème la meute par un temps de galop.

Au loin, un maigre bouquet d'arbres attire le regard ;

1. Groupement de tentes, formant une sorte de village.

sous son ombre se distingue une blanche maison, c'est la ferme bretonne qui fournit la majeure partie du lait que consomment les habitants de Casablanca.

Quelques minutes plus tard, des replis de terrain limitent ma vue de tous côtés, m'isolant de la ville, dont je ne suis distant que d'une heure, autant que si j'en étais éloigné de cent lieues. Au centre même de la dépression, un palmier, unique sans doute à plusieurs kilomètres à la ronde, me sert de point de mire, je me dirige dans sa direction.

Bientôt je croise un squelette de chameau, côtes aplaties, tête allongée. Plus loin je rencontre la cabane d'un colon. Quelques planches mal jointes constituent pour celui-ci un abri presque aussi modeste que la tente de l'Arabe. Un indigène l'aide dans les travaux de culture. Teint bronzé, mains calleuses, le Français passe ses journées dans son champ, présentement fertilisé par les pluies récentes. Mais que sera-t-il de lui dans dix ans, quand auront passé les années de sécheresse, quand la maladie aura visité son lamentable logis ? Involontairement je pense au chameau, mort à la peine, sa charge sur le dos, au chameau dont j'ai dépassé les ossements blanchissant sous le soleil.

19 avril. — Sur le sable, humide du flot qui se retire, j'ai suivi dès le matin le bord de la mer. Le vent du large souffle, l'eau mouvante reflète la forme changeante des nuages. Mon humble cheval, rétif à l'éperon, soudain ressent la griserie de l'espace et

L'ABRI PROVISOIRE DU COLON (p. 50).

DANS LA VALLÉE DU SEBOU (p. 64).

de l'air libre, il part, accélérant son galop, le long de la ligne écumante des vagues...

L'après-midi de ce même jour, je le donne au doux *far niente*, je reste étendu, nonchalant, sur un sofa. Mes membres sont encore engourdis par la course matinale, mais le repos dissipe ma fatigue, lentement il me pénètre de ce calme, de cette inertie heureuse qui fait la force, comme aussi la faiblesse, des peuples de l'Afrique. Et tandis que je regarde la fumée de ma cigarette s'évanouir dans l'air transparent, le soleil baisse à l'horizon.

21 avril. — De grand matin, je me rends sur la place du Socco, en quête d'un automobile se dirigeant vers Rabat.

Bientôt je monte dans un élégant torpédo et m'installe auprès d'un Algérien dont la tête est étroitement enserrée par un vaste turban, c'est un ancien gendarme de Casablanca. Nous roulons à toute allure. Mon compagnon se montre loquace ; retiré du service pour s'occuper d'affaires, il me conte les histoires de son ancien métier. Conclusion de l'une d'elles : « J'arrêtai ces Marocains, je les battis, je les esquintai (*sic*) de coups, rien n'y fit, ils ont refusé d'avouer !.. » Notre conversation se trouve interrompue par un bond plus qu'involontaire que j'exécute en l'air pour retomber sur mon siège de non moins brusque façon : c'est ici que la route se termine, une simple piste la suppléera désormais. De sorte que, tout le reste du voyage, nous deméurerons cramponnés à la carrosse-

rie, nous heurtant l'un l'autre, mon gendarme et moi,
ou bien nous serons projetés hors de nos places,
puis durement rejetés dessus, par suite du choc du
châssis contre l'essieu.

Imperturbable, notre chauffeur, le pied sur l'accélérateur, aborde en vitesse les obstacles : ornières,
ponceaux de bois construits par le génie. Ajoutons
que si d'aventure l'une des roues passe sur un sol
de moindre adhérence, le fonctionnement intempes-
tif du différentiel nous fait accomplir des quart de
tour de droite et de gauche. Mais il n'y a vraiment
pas là de quoi ralentir l'allure.

« Est-ce que cette piste ne devrait pas être amé-
liorée à coups de corvées imposées aux Marocains ! »
me déclare l'Arabe plein de mépris.

En face d'un poste militaire occupé par nos mer-
veilleuses troupes noires, l'acerbe Algérien daigne
concéder :

« Oui, ces Sénégalais sont de beaux hommes,
mais, ajoute-t-il aussitôt, ils ne sont pas braves. La
loi musulmane les considère comme des esclaves,
presque comme des bestiaux. Aussi, avez-vous besoin
de serviteurs? vous razziez un village de noirs et
emmenez les hommes. N'avez-vous plus de travail
pour eux? vous les vendez. Mais la France interdit
ce commerce... »

Une embardée arrête net ces considérations peu
humanitaires, nous venons de contourner un cadavre
de chameau. Une nuée de mouches s'envole et l'on
voit encore contre le flanc de la bête le bât et les

paniers que son conducteur n'a pas pris la peine de détacher et d'emporter.

Les terres, les fertiles terres noires des chaouïa, font insensiblement place à des terres rouges, argilo-sablonneuses. De rapides échappées sur la mer nous avertissent que la côte devient proche. Nous traversons un oued au moyen d'un pont de chemin de fer stratégique. Maintenant, la piste est merveilleuse, notre allure s'accélère, par une large avenue nous entrons dans Rabat.

Rabat, 22 *avril*, — Depuis que j'habite l'antique cité des sultans berbères, je me fais par degrés une âme orientale — ou, du moins, que je qualifie telle.

L'heure des repas m'amène à un patio frais, obscur, entouré d'un double étage de blanches colonnettes. Un nègre s'empresse pour me servir, attentif au moindre de mes gestes. Ensuite, traversant escaliers droits et couloirs ornés de mosaïques, je vais m'étendre, pendant les heures de soleil, non loin d'une fenêtre étroite. Là, immobile, longuement je regarde, à travers les barreaux tordus comme des arabesques, un coin de ce beau ciel bleu clair d'Afrique.

Le soir, quand vient l'heure de la prière, le crépuscule me trouve près d'un marabout. Les pierres grises des tombes, qui l'entourent, descendent jusqu'à la mer, au bas des remparts. En ce champ du passé mon pied heurte, presque enfoui dans le sable, un canon de bronze verdi par les siècles. L'ombre furtive et pieuse d'un croyant surgit parfois hors de la nuit, puis s'évanouit l'instant d'après. Le silence, la solitude, la mort, vrais prophètes d'Allah, hantent ces lieux. Tout à l'heure, les fidèles groupés devant le marabout entonneront un chant grave et monotone comme leur vie, comme la vie même de l'humanité.

Rabat, 23 avril.

— Ne seriez-vous pas M. Dubois ?

— Nullement.

— Vous êtes venu pour vous occuper d'entreprises ?

— Pas le moins du monde.

— Moi, monsieur, je suis entrepreneur et je me rends à ce hangar en construction. Ah ! que de peine et que de surveillance... Tel que vous me voyez, je cours sans cesse, visitant l'un après l'autre mes nombreux chantiers. D'ailleurs, je tiens toutes les affaires de l'oued. Ici, une briqueterie que je construis, là, un navire que je renfloue... Il y a facilité de gagner de l'argent pour les bons ouvriers et j'en ai d'excellents. Je ne saurais point exécuter moi-même tous ces travaux, mais je sais les commander : faites un trou en cet endroit, activez de ce côté. Voyez-vous, monsieur, si j'avais une pièce de dix mille francs, je ferais un bénéfice de deux mille francs par mois. Je pourrais acheter le matériel de battage, des pieux, que je loue à grands frais... Et je suis si bien introduit dans tout le commerce de la contrée ! Je sors de la maison X... et quand on a su que je sortais de la maison X..., dame !.. Si vous aviez en vue quelque entreprise, souvenez-vous de moi.

— C'est entendu. Y a-t-il longtemps que vous êtes ici ?

— Un mois, monsieur.

— ! ! !

— Et si vous désiriez une carrière de pierre calcaire, faites-moi signe. Le dimanche, n'est-ce pas, je me promène et j'en ai découvert une, de la vraie chaux, monsieur !

Non sans peine je me débarrasse du hâbleur. Notez bien, toutefois, que si, à bout de ressources, il ne lui arrive point d'être rapatrié, que si, d'autre part, quelque escroquerie ne l'envoie pas au bagne, mais qu'il ait de l'entregent et sache choisir ses ouvriers, comme il s'en vante, peut-être réussira-t-il, et alors il finira ses jours en la personne d'un notable Marocain.

Rabat, 25 *avril*. — Aujourd'hui le 14ᵉ alpin a traversé la ville, il est en route sur Taza dont l'occupation semble imminente. Il reviendrait, dit-on, en France par Oran, après avoir fait une trouée à travers le Maroc insoumis.

Est-ce une coïncidence ? le caïd Anflous, naguère vaincu par le 14ᵉ, apporte aujourd'hui sa soumission au sultan et au général.

Rabat, 26 *avril*. — Par les rues insuffisamment tracées de la nouvelle Rabat, civils endimanchés et soldats en permission se hâtent vers l'hippodrome de l'Agnedal.

Chevaux montés à la jockey par quelques dandys, — il y en a même dans le bled — voitures attelées de haridelles efflanquées, automobiles bruyants, soulevant une aveuglante poussière d'ocre qui se dépose lentement sur les haies de cactus, voilà l'ambiance.

Au pesage, autour des tentes officielles, brillants uniformes, burnous, toilettes claires réalisent, dans leur diversité, une harmonie de nuances.

En faction le long de la piste improvisée des Sénégalais assurent l'ordre et, à coups de crosse, refoulent les audacieux, leur apprenant ainsi qu'il ne fait pas bon enfreindre la consigne qu'ils sont chargés de faire respecter.

Le général Lyautey, « le général », comme on dit ici, et le sultan doivent être spectateurs des courses, tout l'état-major de la résidence est présent.

Un peloton de cavaliers passe à fond de train pour dégager la route, puis, en tête d'un escadron de spahis, lance au poing, oriflamme verte au vent, le général arrive au galop de son cheval blanc.

Bientôt défile la garde noire du sultan, uniforme rouge éclatant, commandée par nos officiers, dolman bleu clair, képi orné d'un croissant. La musique chérifienne joue une Marseillaise agrémentée de fioritures, puis, grave dans son burnous blanc, Moulaï Youssef, en son carrosse doré, fait une entrée majestueuse. Les chevaux d'armes suivent, sellés, couverts de draperies de couleurs vives. Ce sont des

bêtes indolentes, trop grasses, qui, depuis longtemps,
ont perdu l'habitude des randonnées victorieuses à
travers le bled.

Rabat, 5 mai. — L'autre jour j'aperçus, étendu
sur une chaise pliante, Bouchaïb ben Ali, un de nos
soldats du Sénégal dont le visage noir avait perdu
sa gaîté enfantine pour se barrer d'un long pli dou-
loureux. Aujourd'hui, j'ai vu passer un peloton de
tirailleurs sénégalais, fusil sur l'épaule, qui psalmo-
diaient d'une façon monotone et ininterrompue la
formule des croyants : *Mohamed ressoul Allah.*
Devant eux, quatre hommes portaient une civière,
sous les plis flottants du drapeau tricolore se dessinait
le corps de Bouchaïb ben Ali. Au petit cimetière
français, il fut couché sur le flanc, au fond d'une
fosse, en hâte un tirailleur jeta quelques pierres,
quelques pelletées de terre et il y a aujourd'hui un
tumulus de plus dans le champ des morts. Un autre
tirailleur distribua ensuite des morceaux de galette
arabe, des figues sèches[1], enfin le peloton défila en
saluant et regagna le camp Garnier.

Les sentiments qu'inspirent à l'homme la vie et sa
brièveté, la mort et son éternité sont, sans doute,
assez peu différents au cœur du blanc, dominateur
et conquérant, et au cœur de ces humbles noirs, fils
de l'Afrique soumise. Peut-être, ce soir, près de leurs
tentes blanches, s'entretiendront-ils, en leur langage

---

1. Repas funèbre faisant partie des rites des funérailles.

triste, du camarade d'hier et exprimeront-ils des pensées très voisines de celles que Hugo prête à ses cavaliers dans la forêt :

> « Hermann me dit : je songe aux tombes entr'ouvertes,
> « Et je lui dis : je pense aux tombeaux refermés.
>
> . . . .
>
> « Hermann me dit : jamais les vivants ne sommeillent,
> « En ce moment des yeux pleurent, d'autres veillent.
> « Et je lui dis : hélas ! d'autres sont endormis.
>
> . . . .
>
> « Hermann reprit alors : le malheur c'est la vie,
> « Les morts ne souffrent plus. Ils sont heureux, j'aime
> « Leur fosse où l'herbe pousse, où s'effeuillent les bois. »

Rabat, 6 mai. — Ce soir, je dînai avec quelques amis. Une jeune femme, une Suédoise aux grands yeux clairs, me faisait face. Et tandis qu'à l'heure du champagne les hommes riaient de cette gaîté factice qu'apporte le vin qui pétille dans les coupes, le regard de l'étrangère semblait suivre dans le vague quelque mirage, — peut-être un lointain souvenir de fille du Nord grandie près des champs de neige, ou, mieux encore, peut-être l'incertaine vision de cet avenir si bien caché que nous portons tous en nous-mêmes et à l'accomplissement duquel, inconscients, nous travaillons chaque jour.

Notre petite fête prit fin ; la jeune femme demeurait hors de la ville, je l'accompagnai jusqu'aux remparts.

Quand je rentrai, les portes de la mosquée étaient closes, mais, par une ouverture, j'aperçus le tombeau du marabout qu'éclairait une veilleuse. — Sanctuaire

enveloppé d'ombre, mystère du destin, nuit infinie
partout répandue devant nous, est-ce là ce qui fait
que la vie vaut d'être vécue !...

Rabat, 7 mai. — Six heures, au café Guillaume
Tell.

De ma place, je peux voir au dehors comme dans
l'intérieur de l'établissement ; la porte principale,
près de laquelle je me suis installé, donnant sur la
rue El Gza, ouvre une perspective de maisons passées
à la chaux, de minarets, enfin de ville orientale. On
entrevoit la saleté de ces hommes en burnous qui
longent la blancheur des murailles et, malgré l'ani-
mation du soir, malgré le mouvement, la fièvre même
qu'apporte la vie européenne, on devine l'invincible
nonchalance de ce peuple, épris de repos et d'inaction.

L'heure de la prière vient de sonner, un drapeau
flotte sur la mosquée, mais le chant du muezzin est
étouffé par les cris de la foule, par la corne des automobiles surgis à l'improviste et qui s'évanouissent
dans la poussière.

Au-dessus des terrasses, le ciel crépusculaire se
teinte de rose, tandis qu'un orchestre de tziganes
commence un air connu. Je me retourne alors du
côté de l'intérieur, afin d'y poursuivre mon investi-
gation :

Voici, poitrine ornée d'une croix d'honneur et torse
raide, un lieutenant indigène avec son large turban,
sa veste blanche, son pantalon bouffant, et, lui faisant
face, c'est le dolman rouge, le képi bleu, les bottes

vernies d'un officier attaché aux troupes chérifiennes.
Plus loin, dans un groupe d'entrepreneurs, une jeune
femme — blouse blanche, ceinture dorée et boa noir
—agite la tête et du même coup l'aigrette de son vaste
chapeau. Tout alentour, ce ne sont qu'officiers et
sous-officiers aux uniformes multicolores, demi-mon-
daines, le visage râpé de poudre et le sourire canaille,
Algériens, dont le turban est serré par une corde de
poil de chameau, bons bourgeois de France ou aven-
turiers louches venus à la terrasse du café en vogue
faire sonner leurs éperons. Partout, enfin, couleurs
heurtées, propos bruyants choquent les yeux, fati-
guent les oreilles : que ne suis-je dans la mi-ombre
et le silence d'un patio, étendu sur une natte, fumant
un narghilé et buvant du café.

Départ de Rabat, 12 *mai*. — J'ai acheté un cheval
de selle, un cheval de bât pour porter la tente et les
vivres, j'ai engagé un ancien tirailleur algérien,
Ahmed Djafer ben Djafer, pour me servir d'interprète
et pour soigner les bêtes[1].

Le bac me dépose, avec mon modeste équipage,
de l'autre côté du *Bou Regreg* et je m'éloigne lentement de Rabat. Par degrés, à l'horizon, s'abaisse la
Tour Hassan, ce gigantesque minaret au sommet
duquel on pouvait monter à cheval.

En route ! Le bled s'ouvre là-bas, or, le bled, dans
la pensée d'un civilisé, n'est-il pas un peu du passé

---

1. *Renseignements pratiques.* — Monnaie. La monnaie usitée est
la peseta hassani. Le cours du change varie de 120 à 125. La peseta

Le Sebou avec une mahdva (p. 62).

Campement dans la vallée du Sebou (p. 62).

barbare, où l'on respire encore un air libre et sauvage? En avant donc et à la grâce de Dieu : « Ala mourad Allah ! »

16 mai. — Cinquième jour de marche.

Je remonte la vallée du *Sebou*, vaste plaine formée d'alluvions qui s'étend, unie comme l'eau d'un lac, sur plus de soixante kilomètres de large et cent kilomètres de long.

Le voyage est désespérément monotone, pas un arbre, la route demeure indéfiniment semblable à elle-même. Tout le jour, aussi loin que porte le regard, je n'ai vu qu'une brousse gris vert ou des champs de culture que de lourds épis d'orge rendent d'un jaune uniforme. Parfois, la piste rejoint une des boucles du *Sebou*, lequel roule ses eaux bourbeuses dans un

hassani est une monnaie fictive et, en fait, on dispose des pièces suivantes :

    Douro et sous-multiples . . . . 5 p. h.
    Girch ou billion et multiples . . . . . . 0 p. h. 25

Un indigène, parlant le français et se chargeant de son entretien, se paie de 3 à 4 p. h.

Les bagages qu'il est indispensable d'emporter peuvent à la rigueur se charger sur un seul cheval ou mulet :

Une cantine (effets personnels) ;
Une caisse de même taille (marmite, vivres, conserves);
Une tente ;
Un sac contenant lit-pliant et piquet de tente;
Un rouleau de couvertures.

L'entretien d'un cheval, dans les conditions courantes, peut s'évaluer à 3 p. h. 50 par jour :

    Orge. . . . . 10 girch.
    Herbe . . . . 3 —
    Fondonk (écurie) . . . . 1 —

La vie d'hôtel dans les villes revient à 12 ou 15 p. h. par jour.

lit ayant de cent à deux cents mètres de largeur. L'instant d'après, par une courbe soudaine, le fleuve s'écarte du chemin et, sans le peu de verdure qui croît sur ses bords, on ne soupçonnerait plus sa présence.

Vers le soir, une colline, violacée sous le soleil couchant, me semble un rivage. Devant moi, quelques arbres, les seuls aperçus depuis plusieurs heures, me guident en la route incertaine. Plus tard, avec ma lunette, je distingue des tentes, des gourbis de terre et de paille, près desquels je pourrai passer la nuit.

Bientôt, au pas ralenti des chevaux, nous entrons dans le douar : des figuiers, de l'ombre, une herbe verdoyante, rien que par la vue, reposent et rafraîchissent.

Le cheik [1], que j'ai demandé, vieux moricaud dont la barbe est blanche, fait le salut militaire, me tend la main, la porte ensuite à son cœur, et me conduit dans le pré où je dois camper. Des Arabes s'empressent autour de nous, serviteurs qu'on m'octroie pour dresser ma tente.

Sur le rebord d'un fossé, près du cheik, je m'assieds, afin d'attendre sous la fraîcheur de la nuit tombante que les femmes aient préparé le couscous.

Mais voici qu'on apporte, posée sur la braise rougeoyante que contient un vaisseau de brique, une bouilloire fumante, et, sur un plateau de cuivre, des tasses bleu et or.

1. Chef de tribu.

MOULEY-BOU-SELHAM, LIEU DE PÈLERINAGE (p. 64).

LE DÉPIQUAGE (p. 65).

Éclairés par la lueur indécise de la lanterne du cheik, un parent de celui-ci et mon serviteur s'accroupissent autour du plateau. Une pincée de thé, un morceau de sucre cassé à même l'antique pain connu de nos grand'mères, quelques feuilles de menthe fraîche vont servir pour préparer la boisson aromatique de ce pays.

Après avoir laissé infuser un moment, le cheik vide dans un récipient la moitié de la théière, ensuite il y reverse le liquide. Encore quelques instants, il goûte l'infusion, il en emplit les tasses. Chacun de nous se saisit de l'une d'elles et mes Arabes, avec un bruit formidable d'aspiration, boivent lentement le thé parfumé.

Par cinq fois nous absorbons ainsi le breuvage de l'hospitalité, puis, sur un double plat fumant, le couscous apparaît enfin.

Le couscous est constitué par un lit de semoule ou de farine cuite à la vapeur. Sur ce lit de froment se trouvent disposés divers aliments plus recherchés : courges, viande, œufs durs. De cuiller, de fourchette point, avec les doigts on prend un peu de cette pâte compacte qu'on roule en boulette, chaque boulette s'accompagne de quelque morceau de courge, de viande que l'hôte, plein d'attentions, place dans le vide que vous élargissez en prenant votre part de couscous. Ce mets est loin de sembler une nourriture désagréable. La farine grumeleuse, qui lui sert de base, possède l'apparence et même une vague saveur de riz; les courges et la viande sont toujours bien cuites et tendres. Parfois, dans le trou creusé par le convive, il est versé un peu de lait, comme assaisonnement.

Lorsque nous eûmes terminé, le cheik abandonna le plat à ses enfants et à ses serviteurs, qui, en quelques minutes, le nettoyèrent, puis il se retira, tandis que deux Arabes prenaient faction devant ma tente.

17 mai. — De grand matin, mon serviteur et moi, nous repartîmes.

Nous avons longé le *Sebou* aux eaux troubles, traversé des prairies d'anthémis jaunes et de chardons gigantesques, parmi lesquels courent et disparaissent bêtes et cavaliers.

Toujours trottant, nous avons cheminé sur une brousse courte et rare, côtoyé des champs de blé où mûrissent des épis géants.

Le repas méridien nous trouve sur la berge de l'oued, près d'un bouquet de figuiers. A leur ombre j'eusse voulu faire la sieste, mais leur ombre est perfide : des nuées de moustiques résident en sa fraîcheur. Je suis contraint de retourner sous le soleil.

Deux indigènes s'approchent de nous. Ils considèrent, curieux, le filtre qui clarifie l'eau puisée au *Sebou*, les bagages que nous rechargeons sur le cheval de bât et nous regardent disparaître dans la steppe.

27 mai, douar Chouafey. — Aujourd'hui, je décide d'accomplir un pèlerinage à *Moulay bou Selham*, lieu

La Merja ez Zerga (p. 65).

La Zerga (p. 65).

sacré où se tient chaque année un *moussem*, qui attire entre vingt et trente mille musulmans, et me voici chevauchant.

Le bled n'est plus verdoyant comme au mois d'avril, lors de mon arrivée. Dans les champs d'orge mûre, les hommes, faucille en main, coupent les épis ; les femmes battent les gerbes avec des bâtons pour extraire le grain. Enfin, près d'un marécage d'où jaillit une source, croissent des cactus, des figuiers et même deux saules pleureurs, projetant un peu d'ombre.

Sur une pierre plate du bord de l'eau, un Arabe, sa djellaba enlevée, lave son linge de la singulière façon que voici : l'ayant mouillé, frotté de savon noir, il le foule vigoureusement sous ses pieds nus, au rythme d'une bruyante respiration.

Plus loin, et sous le soleil de midi, je rencontre une steppe de sable rose, couverte d'une brousse qui jaunit. Pesante est la chaleur, mon cheval ralentit son allure. Soudain un souffle d'air frais me parvient : à ma gauche j'aperçois la nappe violette d'une lagune, la *Merja ez zerga* ; droit devant moi, entre deux éperons rocheux, apparaît l'océan bleu gris. Une mince langue de sable, blanchie d'écume, ferme la passe. Sur les deux falaises se dressent les sept marabouts vénérés, qui motivent le pèlerinage.

La fête est passée depuis un mois, mais on voit encore les tentes de quelques pèlerins attardés près du lieu saint. Planant sur les dunes, des oiseaux font entendre leurs cris aigus, le long du rivage des enfants pêchent. Une voile apparaît à l'horizon, incertaine et fuyante comme, sans doute, le fut la pensée des sept marabouts, dont la vie s'écoula en cette solitude, uniquement remplie par la lecture du Coran.

30 mai. — Après avoir envoyé mon serviteur Ahmed, ainsi que mes bagages, dans la direction de *Souk el Tleta,* j'ai quitté moi-même *Souk el Arba* au petit trot de mon cheval, prenant la route de *Mechra bel Ksiri,* où m'attendent peut-être des lettres de France : maître, serviteur et bagage devaient opérer leur jonction à un point déterminé, afin de reprendre ensemble leur commun voyage.

Vers midi, j'arrive donc au rendez-vous, mais je le trouve désert. J'attends, j'attends... Ahmed s'est-il égaré, lui est-il arrivé quelque accident ou a-t-il disparu avec ma cantine et mon sac de douros ?

Le soir, fort inquiet, je reprends la route de *Souk el Arba* et lorsqu'après une soixantaine de kilomètres cheval et cavalier arrivent au gîte, ils apprécient fort le sac de grain, l'honnête repas qui leur sont respectivement offerts, il va sans dire que la poignée d'orge et le café du matin étaient depuis longtemps sortis de leur mémoire. — De m'être restauré, fatigue et souci me paraissent plus légers.

31 mai. — Vainement, tout le jour, ai-je battu la campagne en quête d'Ahmed, gardien de mes bagages.

Mechra bel Ksiri (p. 66).

El Ksar (p. 67).

1ᵉʳ juin. — Rien, toujours rien. Demain, j'irai à *El Ksar*, afin d'organiser des recherches dans la zone espagnole où je soupçonne que mon Arabe pourrait se cacher.

2 juin. — Dès le matin, je suis parti, galopant sous la brise, parmi les chaudes ondes de lumière. Mon cheval, auquel je fis donner double ration d'orge, soutient l'allure sans faiblir.

Je franchis les montagnes d'*Arbaoua*, le gué de *Lekkous* et me voici sous les remparts d'*El Ksar*, dont les vieux murs de brique, non crépis, à demi ruinés, voisinent avec la grêle armature des bâtiments en ciment armé, ou avec les hangars scolaires construits par Alphonse XIII.

Sitôt arrivé, un soldat télégraphiste me remet un avis du contrôle civil de *Souk el Arba :* Ahmed, qui avait mal compris mes instructions, y était rentré avec cheval et bagages. Il ne me reste qu'à conduire ma monture au *fondonk* et à gagner par le *souk du mellah* l'hôtel juif où je passerai la nuit.

Le repas du soir n'a lieu qu'entre neuf et dix heures ; je m'installe sur le seuil de la porte, enchanté d'en être quitte pour la peur. La lune jette dans la ruelle sa discrète lumière, les passants se hâtent, balançant leurs lanternes, un phonographe nasille au fond de la maison voisine. Par endroit, la clarté d'une boutique ouverte fait surgir de l'ombre la silhouette d'un soldat de garde, carabine sur l'épaule, ou celle d'un *Youhdi* [1], coiffé d'une toque noire.

3 *juin*. — Le soir, je rentrai à *Souk el Arba*. En chemin, je fis rencontre d'un berger qui me demanda une cigarette et comme je la lui tendais, il s'approcha de mon cheval et me baisa le genou.

Souk el Arba, 4 juin. — Ici, des courses ont attiré les colons des environs. Parmi eux, une demi-douzaine de jeunes femmes parées de toilettes claires ne font pas oublier les élégances parisiennes.

Tout le long de l'*Avenue du général Lyautey*, les indigènes exécutent une *fantasia*. Ils partent au petit galop, rectifient l'alignement, puis, sur un signe de l'un d'eux, se lancent à toute allure, brandissant leurs fusils, brûlant de la poudre. Quelques minutes plus tard, ils reviennent et recommencent le même jeu. C'est monotone. Les cavaliers marocains ne font preuve ni de la « fantasia » des Arabes d'Algérie et de Tunisie, ni d'une grande habileté.

5 *juin*. — Après une journée de chevauchée, je m'arrête, afin de camper de nouveau dans un douar, mais je ne me soucie nullement d'attendre une heure ou deux que le couscous de l'amitié soit cuit à point. Je fais allumer un feu de brindilles au fond d'une saignée de terre ; voici le moment venu de mettre en

----

1. Juif.

El Ksar (p. 67).

Mouley Idriss (p. 70).

œuvre mes capacités de cuisinier, d'autant plus qu'une douzaine d'Arabes se sont gravement assis sur leurs talons pour voir cuir le *corned beef*.

Tandis qu'ils surveillent mes faits et gestes, le crépuscule achève de s'éteindre et l'humidité du soir nous fait frissonner. La demi-lumière de la lune éclaire quelques *Kheïma*[1]. Un feu brille derrière une de ces tentes ; mon cheval, entravé près de ma propre tente, fait une tache sombre dans la nuit claire. Les aboiements des chiens, les bêlements des moutons rentrant des pâturages, les cris des enfants se taisent par degrés : c'est la vie nocturne du douar qui commence, silencieuse et pourtant animée.

Maintenant, la bouilloire à thé du cheik occupe sur le feu la place de ma marmite. Suivant l'usage, nous devons prendre ensemble le breuvage du bon accueil.

Bientôt donc nous buvons lentement, par petites gorgées. J'écoute le parler rauque des Arabes accroupis sur le sol, enveloppés de leur djellaba blanche, je regarde leurs faces brunes aux larges colliers de barbe noire dont la dureté s'accuse sous le ciel lunaire.

10 juin, Megroun. — Ce soir, le *Sebou*, parmi des terres basses et sombres, s'est transformé en lagune et l'immobilité de ses eaux s'irise du mince reflet des rayons de Vénus, penchée sur l'horizon.

---

1. Kheïma, tente brune en poil de chèvre ou de chameau.

Vendredi, Sidi Kassem. — Aujourd'hui, je touche à la fin de la steppe immense où se creusent les courbes du *Sebou*. La plaine, insensiblement, ondule jusqu'au pied de la montagne qui, près du marabout de *Sidi Kassem*, se fend, ouvre une gorge rocheuse, *Bab Tisra*, de laquelle sort l'oued *Rdom*. Le voyageur en suit des yeux le cours dans la plaine par les arbres qui ombragent ses bords.

Alors, — comme je longeais le torrent dont les lauriers-roses fleurissent la rive, comme je traversais l'enceinte de terre sèche afin de m'approcher du minaret, objet de vénération, et regardais se profiler sur le rocher les silhouettes de quelques palmiers, — pour la première fois, je respirai vraiment un peu du parfum de cette âme arabe qui m'avait grisé naguère dans le sud-tunisien. J'ai quitté d'ailleurs les peuplades veules, habitantes d'une plaine que les montagnards ne cessèrent de razzier. Avant-hier, aeux *rekkas* ont été, près d'ici, assassinés à coups de fusil et de poignard.

13 *juin*. — Ma journée s'écoula presque entière dans les jardins de *Mouley Idriss*, parmi les oliviers, les figuiers, les grenadiers, les ruisseaux qui descendent de la montagne au bruissement de leur eau vivante et fraîche. Une femme, s'en revenant de *Souk*, spontanément se porte vers moi, offrant une poignée de prunes à l'étranger rencontré sur son chemin.

Au fond de la vallée, sur la droite, un pan de mur, un arc voûté, encore debout, rappellent que voici

Environs de Mouley Idriss (p. 70).

Au Zerhonn (p. 72).

deux mille ans d'autres étrangers conquirent ce pays, d'autres colons vinrent d'Europe construire la cité romaine de *Volubilis*.

Une piste bordée d'agaves me conduit devant les murs de la ville sainte, construite sur un triple sommet rocheux, par un descendant d'Ali, premier empereur du Maroc [1].

Je commandai la halte, mes chevaux vont manger leur orge méridienne pendant que moi-même je visiterai l'antique cité.

— Prends garde, me dit Ahmed, sans doute encore sous l'impression du récent assassinat des deux *rekkas*, prends garde, les Marocains sont mauvais.

De fait, il ne se trouve probablement pas un *roumi* à vingt kilomètres à la ronde, mais ces Arabes, s'ils nous haïssent, se montrent sournois et lâches : ils nous craignent.

Je vérifiai l'état de mon revolver et montai au *Souk* voir la foule oisive se presser autour des artisans ou des esclaves noirs qui travaillent dehors, sur la place, voir marchander indéfiniment une brochette de viande grillée, un morceau de graisse, les objets les plus divers, tandis que d'en haut, sur la troisième pointe rocheuse, la *casbah* [2] poursuit sa garde menaçante et vaine.

1. Mouley Idriss fut empoisonné en 713 par un émissaire d'Harounn al Raschid et son tombeau du *Djebel Zerhonn* est devenu un lieu saint que les bouleversements sociaux ont dû épargner, mais que sa sainteté même rend impénétrable aux étrangers. Il n'est pas douteux que ce doit être là le plus ancien monument musulman du Maroc. (*Journal du Maroc*, 20 juin 1914.)

2. Citadelle.

17 juin. — Ce matin, suivant la route du massif montagneux du *Zerhonn* que je dois parcourir, je quittai *Meknès*, regrettant d'avoir pris à peine le temps de m'égarer dans la ville, de me laisser aller au charme étrange de la lumière et des ruines : là un pan de bois noir soutenant des platras, ici une boutique appuyée contre un mur décrépi ; et puis le coudoiement de la foule, le juif familier qui m'arrête, s'informe de ma santé, me serre la main, le riche Arabe qui passe, hautain sur sa mule noire, enfin la flânerie sans but qui me ramène en arrière ou m'entraîne vers quelque coin que je ne reverrai jamais... Oui, cette impression de perpétuel changement, de fuite indéfinie des choses devant mes yeux de voyageur me domine peut-être plus que toute autre au fil de la vie errante qu'il me plaît de mener : jolis souvenirs flottants que, de retour, j'évoquerai, tandis que loin de mon pays, sous le soleil d'Afrique, des peuples lutteront chaque jour pour réaliser la volonté d'Allah, écrite dans le Livre du Monde.

20 juin. — Derrière le *Djebel Thrätt*, Fès, ville vénérée, remplie d'innombrables mosquées, ville commerçante et industrielle, ville de luxe et de plaisir, s'étale sur le versant de la montagne, entourée de jardins, rafraîchie par les eaux bouillonnantes, mais claires, de l'oued *Fès*.

J'entrai par la porte du *Mellah* ; c'était samedi, jour du sabbat et tous les Youhdis, aux visages pâles et soufflés, étaient dehors ; les hommes, avec leurs

Dans le Zerhonn (p. 72).

Ravin au Zerhonn (p. 72).

lévites et leurs toques noires, les femmes en robes
(de velours ou de soie) vertes, rouges, violettes.

Nous longeons le Grand Café; un porteur d'eau
débonde une outre et, sous prétexte d'abattre la poussière, la soulève sur des flots de liquide.

Des gamins m'entourent, se proposent pour me
conduire, courant en avant de mon cheval et, au cri
retentissant de *balek, balek !* me font traverser le quartier juif, suivre des ruelles discrètes, constamment
zigzaguées à angle droit, atteindre enfin le centre, le
cœur même de *Fès Djedid* et voici la maison arabe
qui doit m'abriter.

Fès, 22 juin. — Je me suis assis sur la blanche
terrasse d'un restaurant. Un Algérien, turban solidement assujetti, pantalon bouffant, veste française,
circule entre les tables : il apporte des assiettes de
fruits ou du café. A travers les tentures abaissées
pour tamiser la lumière apparaît un coin de ciel.

En bas, dans la rue, retentissent le trot d'une
mule, le rauque parler arabe, la clochette du marchand d'eau, tout cela bruit et m'enveloppe d'un
charme oriental. Parfois la voix du muezzin, traînante
et grave comme le temps qui s'écoule, m'arrache au
vague de la rêverie en laquelle mon esprit s'alan-
guit.

Quand vint le soir, que la chaleur commença de
décroître, je me souvins des murailles de Fès, construites par le *chitan*, le diable, alors au service de
Mouley Ismaïl, — c'est, du moins, ce que m'affirma

Ahmed. J'allai vers les remparts crénelés, je suivis les longs murs de pierre et de brique qui enveloppent la ville et ses jardins de leur protection illusoire. J'entendis, du fond de l'ombre, les mendiants accroupis invoquer sur mon passage Allah, Mouley Idriss et autres noms révérés; je regardai, dans le ciel bleu, les hirondelles voleter par millions autour des minarets, j'écoutai le claquement sec du cri de la cigogne, oiseau sacré, je m'arrêtai devant le jeu des nuances du crépuscule, tandis que là-haut, du côté des Mérénides, les ruines brunes se détachaient de la montagne sombre.

A la nuit, je m'en revins. Traversant le souk, j'achetai pour un *girch* une poignée de figues et, réfugié au patio de ma maison, je mangeai leur pulpe rose et fraîche.

24 juin. — Laissant Ahmed s'amollir dans les délices de Fès, je partis seul, à cheval, dès le matin, pour excursionner. Peut-être la promenade était-elle moins du goût de la monture que de celui du cavalier, car, ayant abandonné mon cheval quelques minutes sur le bord d'un oued, il se hâta de se mettre hors de ma portée comme de ma tyrannie.

A mon retour, je l'aperçois sur l'autre rive qui dévore avec entrain la fraîche verdure des roseaux; sans même lever la tête, il reste insensible aux appels les plus pressants, sourd aux cris les plus impérieux. Comme j'ai quitté mes gros brodequins du bled, il me déplaît de traverser l'eau, j'appelle donc un petit

MEKNÈS (p. 72)

MEKNÈS (p. 72).

manœuvre passant par là, et lui dis en mon plus bel arabe : *aji ou jib aoudi* (viens et ramène mon cheval). Mais l'enfant me répond en français : « non », et poursuit son chemin. Je dus recourir à l'obligeance de son patron qui, d'un âge plus mûr, corrompu par la vie et ses compromissions, rendu plus servile par l'appât des richesses — en l'espèce une *favor* — s'empressa d'aller quérir mon coursier récalcitrant.

26 juin. — Le commandant de C..., ancien chef de la mission italienne à Fès et aujourd'hui directeur de l'arsenal, est une des plus intéressantes figures de la ville.

De haute stature, il possède un soupçon d'embonpoint, une abondante barbe blanche, des yeux bleus, et, bien pris en son uniforme beige, se promène, non sans fierté, ainsi que plus tard je pus le constater, dans le vaste atelier qu'il dirige.

Des ouvriers marocains, actuellement payés un douro environ, se diligentent autour des piliers et des arcs voûtés qui s'élèvent, élancés, comme dans la nef d'une cathédrale.

Le *Mokkezni*, qui m'introduit au cabinet directorial, rectifie la position, fait le salut militaire et me laisse avec M. de C...

La conversation, vite orientée, roule sur le développement du pays. Or, ce n'est pas un des moindres attraits du voyage pour le touriste curieux que de voir comment les appétits individuels se déchaînent sur cette contrée nouvelle où il existe tant de choses

à mettre en valeur, comment la spéculation s'empare
des terres, des richesses naturelles, comment autour
des biens du Sultan, naguère loués pour quelques
douros, autour des fournitures militaires ou des
approvisionnements du pays, gravite une foule cos-
mopolite, avide d'un enrichissement facile.

Et cependant, de tous ces intérêts égoïstes, on
pourrait même dire féroces, de loin, on n'aperçoit
qu'une résultante harmonieuse. Dans le recul de
l'histoire, il ne restera de visible pour nos yeux que
le labeur — pénible sous le soleil d'Afrique — de l'ingénieur qui construit ponts, routes, usines ; du colon
qui fait produire au sol fertile de lourdes gerbes de
blé, sans oublier le travail du commerçant qui, dans la
poussière de ses magasins, veille à pourvoir de toutes
choses le peuple nouveau, venu de la vieille France.

Le commandant me propose de visiter le musée
qu'il a constitué avec les haches de l'époque de la
pierre taillée, les lourdes lances moyenâgeuses, les
fusils indigènes ou d'importation européenne de toute
époque.

Comme nous traversons les bâtiments, M. de C...
me montre, en passant, son secrétaire, un Arabe au
visage dur : « Le 29 avril 1912, me dit-il, cet homme,
apprenant la révolte du *Thabor* et apercevant un
officier qu'il connaissait pour l'avoir vu parfois à
l'arsenal, le saisit par les épaules, le pousse dans
le couloir d'une maison et le contraint d'y rester jusqu'après le passage des révoltés, lesquels venaient
de massacrer à l'improviste nos soldats ». — Il

Environs de Meknès (p. 72).

Djebel Tratt (p. 72).

existe un singulier mélange de dévouement et de haine au cœur de ces Arabes.

Mais je prends congé du commandant, celui-ci appelle son fils, Humberto. Le jeune ingénieur vient me saluer, il a les mains noires de cambouis, seulement, sous sa tunique de travail, j'aperçois des bottes et des éperons.

27 *juin*. — Ce matin, le *Djebel Thrätt* s'est encapuchonné de nuages, j'ai laissé dans la brume Fès et ses mosquées, ses minarets, ses remparts éclatants, Fès, la dernière capitale musulmane, Fès, où maintenant retentit la corne des automobiles et qui, chaque jour un peu plus, cesse d'être soi-même.

Insensiblement le soleil monte, dissipant la couche nuageuse, il brille juste au-dessus de nos têtes, l'orientation par nos ombres me devient difficile. Les chevaux ont ralenti le pas, les oiseaux se sont tu.

A gauche, perçant l'azur brumeux de l'atmosphère, le *Zerhonn* laisse par endroits apparaître sa carapace calcaire ou ses flancs striés de longues files d'oliviers ; à droite, la montagne se nuance de couleurs singulières, depuis le jaune de la brousse sèche jusqu'au rose pâle et au grenat de quelques-uns de ses chaînons. La source, qui écoule ses eaux, dessine son lit le long des pentes par la blancheur des cristaux salins qu'elle y dépose sans cesse.

1er *juillet*. — Ce matin, lorsque je m'éveillai, il était environ cinq heures.

L'humidité de la nuit avait tendu à la rompre la toile de ma tente. Quand je la soulevai, j'aperçus mon serviteur et un gardien fourni par le douar endormis en travers de ma porte : l'hospitalité arabe veillait sur mon repos. Au ras du sol, se traînait un brouillard laiteux, puis le soleil, émergeant soudain de derrière la montagne, colora les lourds nuages noirs de reflets de feu. Nos ombres se sont étendues, longues, sur le sol. Un Arabe m'apporta du lait avec un peu de galette chaude, ensuite il partit, emmenant ses bœufs vers les pâturages.

Tandis que non loin de la route on charge mes chevaux, je regarde passer les voyageurs : celui-ci sur son bourriquot, enveloppé de sa djellaba, celui-là suivant son mulet ou son chameau dont les fardeaux oscillent à chaque pas.

4 juillet. — Trois heures et demie, le fidèle Ahmed vient me réveiller et nous partons pour Rabat.

Derrière moi l'aurore éclaire la campagne fanée, alors que les maisons de *Kénitra* se dessinent encore en noir sur la plaine. Par degrés, la route se fait plus visible ; tout un jour, le dernier, je vais galoper à travers le bled ! Ce soir, je vendrai mes chevaux, je remercierai mon Arabe [1].

1. Maître et serviteur, ainsi qu'ils en étaient convenus, se séparèrent à Rabat. Le « fidèle Ahmed », se vit octroyer de généreuses gratifications qui augmentèrent encore son désir de rester au service du voyageur et de le suivre en France. Comme cela ne se pouvait, il dut se contenter de se répandre en bénédictions, fort satisfait, d'ailleurs, du gain procuré par l'expédition.

Fès (p. 72).

Fès (p. 72).

Voici Rabat et la casbah des *Oudaïa*, sur son rocher brun. Dans le soleil, les maisons apparaissent neigeuses comme l'écume de la barre que j'aperçois là-bas, au bout de l'oued bleu, près de la mer bleue. Le vent du large souffle : oh! charme de l'océan, toujours changeant derrière l'immuable horizon...

11 juillet. — C'est en auto que je vais terminer mon voyage.

Aujourd'hui, j'ai roulé à toute allure vers Marakech. Une capote basse, un pare-brise, les bastingages du torpedo nous enferment presque et le vent, qui souffle derrière notre machine, empêche le remous d'air de nous rafraîchir. Au contraire, le soleil nous chauffe, le moteur nous chauffe, mais nous allons toujours plus vite sur la piste unie.

Près d'un douar, des enfants se sauvent en jetant des pierres. Le chauffeur arrête : *jib el mà* (apporte de l'eau). Les petits s'approchent, le chauffeur bondit de son siège, saisit l'un des coupables et lui administre une correction brutale, puis, nous repartons.

Les plaines vallonnées de la *Chaouïa* sont limitées à l'horizon par une chaîne de montagnes. Un détour de la route découvre des maisons blanches qui se détachent sur la colline brûlée, c'est *Settat*, le plus pittoresque village que nous rencontrerons. Peu après, nous abordons la montagne. Le sol se teint de nuances étranges, il est tantôt gris comme la djellaba des chameliers que nous croisons, tantôt rouge, et nous soulevons alors une poussière qui se dépose, sanglante, sur la brousse.

A *Mechra ben Abbou*, un pont suspendu franchit les gorges de l'*Oum er Rbia*, un oued qui roule ses eaux, bleues comme celles d'un gave pyrénéen, dans le fond d'une gorge aux parois d'ocre.

La chaleur devient de plus en plus étouffante. Soudain j'aperçois, éloignée de cinq cents mètres seulement, une belle nappe d'eau : hélas ! pur mirage, elle s'évanouit lorsque nous approchons.

Heureusement, à *Sidi bou-Othmane*, un puits, près duquel une cantine s'est construite, nous invite au repos rafraîchissant et nous nous empressons de descendre. Tandis que nous buvons sans hâte, un automobile, monté par des Arabes, survient, s'arrête et l'un de ces Arabes s'approche de moi avec un *esslama* engageant. Il se saisit d'un verre rempli d'eau, l'eau froide du puits profond, et veut le porter à ses lèvres, quand, subitement furieux, l'aubergiste s'élance, le lui arrache des mains :

« Je suis commerçant, crie-t-il, et non point le domestique de tous les bicots qui passent ! »

Le pauvre Arabe déconcerté, — assuré qu'il est de trouver chez les siens l'eau ou le lait pendant le jour, l'abri pendant la nuit — s'éloigne et se dirige vers une tente voisine. Décidément le lieutenant R..., ce matin, comme je visitais *Settat*, avait raison de me dire que, jusqu'ici, l'œuvre de conquête n'ouvre pas le Maroc à la civilisation, mais à une horde de bandits.

Fès (p. 72).

Fès (p. 72).

Nous repartons, une chaîne de collines nous sépare encore de la vallée du *Tensift*, toutefois, sur cette belle piste, l'automobile nous mène bon train au col, d'où nous apercevons la longue tache sombre que dessine dans la vallée la palmeraie de Marakech et le minaret de la *Koutoubia*, qui domine la ville.

12 *juillet*. — Les vieilles murailles de Marakech sont rougeâtres, faites d'une sorte de béton de cailloux et de terre couleur d'ocre qui, ainsi qu'à Fès, résiste au temps. Furent-elles aussi construites par le *chitan*? En tout cas, moins majestueuses, elles semblent ramper sur le sol. La ville qu'elles encerclent présente un caractère plus méridional; les maisons basses n'ont presque jamais qu'un seul étage. Construire devient ici plus difficile, on se rapproche du désert.

Dans le souk, couvert de branchages, j'achetai un poignard.

— Oh! la jolie lame courbe, dont la poignée s'orne d'une pierre rouge très brillante. Le fourreau est d'argent, finement ciselé, les arabesques noires, rouges ou bleues y dessinent leurs contours imprécis. Deux anneaux de cuivre permettent de le suspendre à un épais cordon vert passé autour de l'épaule et que j'aperçois sous la djellaba des passants. Je ne sais quel atavisme la vue d'une belle arme réveille en moi, cet instrument de mort m'attire : je regarde, fasciné, la lame d'acier clair et la sanglante gemme qui étincelle sous les reflets du soleil.

Continuant mon chemin, je rencontrai le souk aux cuirs ; dans une ruelle couverte, il me fallut passer entre deux rangées de marchands assis par terre, ayant chacun d'eux devant soi une pile de babouches. J'ai fui le souk à la viande, où règne une odeur de pourriture et je retrouvai le grand soleil dans une rue large, bordée de murailles basses, paraissant abriter des ruines. La construction indigène se fait en briques empilées à plat les unes sur les autres ou diagonalement. Elles se montrent derrière le crépissage qui tombe, et leurs assises, tantôt horizontales, tantôt inclinées, décorent singulièrement les habitations.

Au tournant d'une rue, soudaine apparition d'un minaret rectangulaire, peu élevé, sans ornementations, humble, comme le fut, sans doute, le marabout auquel il est dédié.

Enfin, ma course errante me conduisit jusqu'en dehors de la ville : j'eus chaud sur la terre rouge brique, baignée de soleil, je vis une caravane de chameaux quitter l'abri d'un bouquet de palmiers et partir tout là-bas vers le sud, vers l'Atlas dominant l'horizon. De la neige brillait encore sur les sombres flancs de la chaîne montagneuse et j'enviai ceux qui, bientôt, par delà les monts, un fusil à l'arçon de leur selle, une tente, un chronomètre et un théodolite sur les mulets de leur caravane, iront dans le bled inconnu pour rapporter un lambeau de carte et agrandir un peu la nouvelle France.

Fès (p. 74).

Fès. — Cimetière du Mellah

13 juillet. — Devant sa petite table et son apéritif, je vis au café une jeune femme : bottes jaunes, culotte de cheval, jaquette brune nouée d'une cravate noire, chapeau noir, cercle d'or au poignet, elle fouillait dans sa poche d'un geste délicieusement impertinent.

Ce soir, à l'hôtel, faisant partie de la table des officiers, je l'ai retrouvée, parée d'une blouse de dentelle et coiffée, ou plutôt ébouriffée, très drôlement. Elle parle, elle rit, elle jouit inconsciente de l'existence, aujourd'hui clémente pour elle. Cette insouciance, c'est celle même d'une race qui tombe sous notre dépendance. — La civilisation nous aurait-elle fait oublier l'art de cueillir la journée !

14 juillet. Fête nationale. — Dans la grande plaine nue, à l'ouest de Marakech, le tambour bat, la « clique » des Sénégalais fait entendre sa musique singulière, harmonieuse malgré son acuité : les troupes arrivent pour la revue. Avec les curieux, je me précipite, afin de jouir du spectacle.

Et d'abord le paysage : à droite, le *Guebiz*, cette éminence rocheuse qui domine la vallée du *Tensift* et que le génie a couronnée d'un fort ; au fond, la silhouette grêle des palmiers ; à gauche, l'Atlas qu'embrume le matin.

Distants de quelque cent mètres, les casques blancs, les fez des Sénégalais, les batteries de montagne se sont alignés. Un bref commandement retentit : « Baïonnette au canon, saluez au drapeau. »

Dans la foule, parmi les juifs indifférents, les Français se découvrent, les soldats permissionnaires portent la main à leur coiffure. Pendant ce temps, la tribune officielle se remplit, les automobiles se croisent, cavaliers et amazones débouchent de toutes parts. Le pacha, le Kalifat du sultan et leurs escortes arrivent en ce désordre caracolant dont se fait la grâce des chevauchées arabes.

Dans la poussière, qui se détache, blonde sur la masse sombre de l'Atlas, le général Brulard, en blanc sur son cheval blanc, arrive au petit galop, entouré par son état-major et un peloton de spahis algériens et sénégalais. D'un geste large, il salue la tribune et la revue commence.

Un petit Marocain me demande :

— « Est-ce qu'il y a aussi la fête à Casablanca, à Rabat et à Saffi ? »

— « Eh ! oui, jeune homme, il y a fête, là-bas, en Europe, dans la grande France, ici, dans la nouvelle France, au sud dans la France équatoriale, à l'est dans la France d'Asie, à l'ouest dans la France d'Amérique ; partout, autour du monde, là où flotte le drapeau français, il y a fête, aujourd'hui 14 juillet. »

Ce soir, le patio de mon hôtel (ancienne maison du Dr Mauchant) réunit quelques amis. Ils dînent, bruyants et joviaux, mais avec le dessert, quand le champagne déborde des coupes, ils deviennent soudain silencieux. L'un des convives se lève alors et chante pour ces hommes qui fêtent le pays — loin

Kenitra (p. 78).

Marakech (p. 81).

du pays. Or, la plupart d'entre eux n'ont plus de
famille, d'autres n'éprouvèrent peut-être nul regret
d'abandonner leurs foyers, tous sont âpres au gain,
âpres au plaisir, cependant, c'est par de petites chansons d'amour qu'ils vont se laisser émouvoir et
charmer. On leur chante la croix du marsouin rap-
portée quelque jour, par un camarade, à l'amante
demeurée sur la terre de France... Le coffret renfer-
mant les reliques des amours mortes et qu'une main
tremblante rouvre parfois, pieusement... C'est enfin,
sous les thèmes les plus variés, le souvenir toujours
présent des disparus, lesquels vivent obscurément en
la mémoire de ceux qui achèvent seuls le voyage. —
Petite fleur bleue, que tu restes vivace au cœur des
hommes !

17 juillet. — Quand le thermomètre dépasse qua-
rante degrés, la vie devient vraiment pénible et je
m'attribue du mérite pour avoir aujourd'hui enfourché
le cheval que M. F... avait obligeamment mis à ma
disposition.

Le soleil était déjà haut quand je parvins dans les
quartiers excentriques de Marakech. Je longeai les
murs élevés qui protègent les jardins des opulents
•aïds, les remparts rouges aux formes fantastiques,
minés par les pluies d'hiver. Presque toujours une
porte voûtée termine cette perspective de ruines qui
caractérise les constructions arabes, édifiées sans
souci de la durée, abandonnées après la mort de celui
qui usa des vies humaines pour créer demeures et

jardins et donner à ses rêveries un cadre somptueux. En cette heure étouffante du jour, un Arabe assis sur la croupe de son bourriquot, un juif traînant ses loques au ras de l'ombre étroite des murs, animent seuls les rues mortes.

Encore une porte franchie et me voici hors de la ville. Le soleil devient torride ; ma monture prend le galop. Parfois, je traverse un tourbillon de vent, mais l'air reste brûlant et me caresse douloureusement le visage. Au mouvement de la course, le *cheich,* dont je suis enveloppé, s'agite, douant ma silhouette, que le soleil projette sur le sol, d'une allure étrange, inquiétante, qui me fait rêver de cavalier du désert parcourant le bled, alors que les chameliers endormis se laissent surprendre et égorger.

Mais j'ai atteint *Djenan el Kebir.* Un mur en pisé l'entoure — mince obstacle ! — une brèche m'ouvre le jardin : quelle fraîcheur sous ses ombrages ! L'eau, curieusement captée par une série de puits et de galeries, circule, sinueuse, à travers l'herbe haute. Des bouquets de palmiers balancent là-haut, en plein azur, leurs régimes d'or, des oliviers, qu'aucune main cupide ne taille, étendent leurs branches, les élèvent vers la feuille dentelée de l'arbre du désert. Au milieu des taillis, des verdures, les grenadiers épanouissent leurs fleurs de pourpre et, pour passer sous les figuiers, je dois me pencher sur l'encolure de mon cheval.

A l'ombre d'une vigne chargée de lourdes grappes violettes, je vais m'étendre et regarde glisser dans

les airs le geai bleu, ou l'ibis blanc, ou la cigogne
éployant ses longues ailes battantes.

Lorsque je prends le chemin du retour, le ciel s'est
couvert, le sirocco souffle, la poussière tourbillonne,
s'élève en volutes et Marakech apparaît comme voilé
d'un brouillard de sable.

Saffi, 18 juillet. — Un cap avec des rives escarpées,
quelques roches noires, du sable blond ; sur la colline
des maisons blanches, enfin le *Fort des Portugais* plon-
geant ses hautes murailles dans la mer et auquel une
architecture européenne donne l'aspect d'un vieux don-
jon de Bretagne : voilà Saffi. Ajoutez encore l'inces-
sante montée des flots, la brise de mer plus fraîche, me
semble-t-il, qu'elle ne doit l'être à Paramé, et vous
comprendrez pourquoi, ce soir, en regardant l'eau
mouvante, l'eau grise sous les rayons du jour mou-
rant, j'ai trouvé que Saffi était la plus jolie ville du
Maroc.

20 juillet. — La pointe dentelée du cap Saffi se
noie dans le reflet du soleil qui décline, la lande se
déroule en ondulant, tandis qu'à l'est de Saffi, la
côte abrupte, teintée d'ombre, s'abaisse par degrés
jusqu'au rivage, et cette impression du pays breton,
que j'avais éprouvée lors de mon arrivée, se précise :
j'ai déjà vu ce paysage. C'est peut-être à Brest, sur
la côte de Dinan, peut-être à Belle-Isle, sur le bord
de la « Mer Sauvage ». Est-ce la nature qui se
répète ? est-ce nous qui, limités dans nos conceptions,

bornés dans nos facultés émotives, ne savons sentir
que d'une seule façon — ou presque — incapables
que nous sommes d'embrasser la diversité comme la
complexité des aspects et des choses ?

. . . .

En mer, 25 juillet 1914. — Le soleil couchant illumine par endroits une mer d'un bleu profond. Sur le
pont de l'*Abda*, faisant route pour la France, j'ai étendu
mon siège de toile et, allongé près du bastingage,
je me complais à suivre du regard l'immobilité
fuyante de l'horizon.

Après ce voyage dans le Maroc d'aujourd'hui ;
comment ne pas rêver de ce que sera le Maroc de
demain ? On a dit qu'un peu de nous-mêmes restait
attaché aux lieux que nous fit connaître une destinée
errante, sans doute de fugitifs souvenirs m'entraî-
neront-ils parfois vers la steppe brûlée où l'habitant
du vieux *Moghreb*, depuis des siècles, promène sa
tente et ses troupeaux. Mais, devant la rive africaine
qui recule sous la brume et, de minute en minute,
devient plus imprécise, c'est moins par le passé que
par l'avenir que je me sens attiré. Je me crois au
Maroc dans quelques années d'ici.

J'aperçois le rail civilisateur traversant des plaines
dont l'extrême fertilité est notre œuvre. Je vois sous
l'ombre d'un bosquet d'arbres s'élever, blanche et
propre, la petite maison du colon. Le motoculteur,
aux formes pesantes, quitte son garage pour aller
creuser le sol que la sueur du paysan n'arrose plus ;
j'entends le bruit régulier de la batteuse et le grain

Marakech (p. 82).

Cap Safi (p. 87).

emplit les wagonnets de la ferme : un mulet en conduit toute une rame à la gare prochaine de laquelle, chaque jour, des trains partent, dirigés vers la mer. Les ports ont été outillés, de grands cargo-boats viennent y chercher le blé et l'orge pour la métropole ; des transbordeurs chargent le minerai extrait des profondeurs de la montagne, ainsi que des stocks de peaux et de laine que le commerçant achètera de son or.

Plus loin, des viandes, des primeurs passent, du camion qui les amène à quai, en la cale du navire frigorifique qui apportera aux travailleurs de France une nourriture saine et peu coûteuse.

Parmi les grues et les wagons circule la foule grouillante ; des Arabes parlent, crient, gesticulent, leurs djellabas restent, sans doute, sales et déchirées, mais dans la ville, dont les rues sont maintenant nettoyées et pavées, chacun d'eux possède un logis, où, la journée finie, il rentrera recevoir sur des nattes propres l'ami venu pour boire le thé. Même, contre la muraille, voici le coffre traditionnel, il contient un burnous neuf et le débardeur, dépouillé de ses guenilles, enveloppé majestueusement de son manteau, ira visiter le souk, marchander un caftan brodé qu'il convoite, peut-être aussi un bracelet ou quelque autre hochet féminin à l'intention de sa nouvelle épouse.

Prédire l'avenir, voilà, certes, une tâche décevante, mais le voyage que je viens de faire au Maroc me donne foi en sa destinée : c'est un beau pays. Nous ne sommes pas encore loin du temps ou quelques mois suffisaient pour y réaliser des fortunes plutôt scandaleuses. Par bonheur, un gouvernement régulier, un commencement de mise en valeur de la contrée sont venus, sinon enrayer la « spéculation », du moins diminuer ces désastreux effets.

Comme partout, mais peut-être plus qu'ailleurs, il faut au Maroc de l'argent, du travail et du temps. Ceux qui feront preuve d'une énergie suffisante trouveront une récompense assurée, non seulement par les bénéfices pécuniaires qu'ils réaliseront, mais encore et surtout par le noble orgueil qu'on éprouve toujours d'avoir, si peu que ce soit, contribué à l'accomplissement d'une grande œuvre, d'avoir fait, par soi-même, quelque chose.

La prise de *Taza*, l'expédition de *Kenitra* et celle qui se prépare dans le *Sous* achèveront, si ce n'est au point de vue stratégique, du moins au point de vue économique, la période de conquête et, dès maintenant, la période d'organisation commence.

La politique des « grands Kaïds », instituée par le général Lyautey, a fourni au protectorat l'appui, précieux en maintes circonstances, des chefs d'une féodalité puissante qui mettaient à notre service leur autorité matérielle et morale. Il ne faut pas néanmoins se dissimuler que cette autorité, comme celle que possédait jadis le Sultan, devenait par moments d'autant plus précaire que les exactions des grands caïds étaient plus brutales. Le soulèvement xénophobe d'*El Hiba* fut en même temps un soulèvement du glaoni contre leur chef. Nos armées ont rétabli les grands vassaux dans leur suprématie ; dès lors, couverts par elles, ceux-ci dépouillèrent les tribus réduites à l'obéissance au prix du sang français ; ils les « mangeaient », suivant l'expression pittoresque du pays, réalisant parfois des bénéfices incroyables. En un mot, la politique du protectorat, de ce fait qu'elle consacrait leur domination, leur a concédé une puissance qu'ils n'avaient jamais possédée. Résultat, derrière une façade de respect et de soumission envers nous, les grands caïds abusent d'une façon éhontée des populations asservies. Aussi voyons-nous certains Arabes instruits demander à nos fonctionnaires ce que la France vient faire au Maroc si elle ne sait point en bannir le désordre.

Conséquence de cet état de choses : l'indigène recherche le titre de protégé étranger que le régime des Capitulations lui permet d'acquérir assez facilement. De cette manière, non seulement il peut passer au travers de toute une législation nouvelle — indispensable d'ailleurs — qui favorise ainsi, indirectement, l'étranger au détriment du Français, mais encore, mais surtout, il se place, par l'intermédiaire de son protecteur et des consuls, à l'abri de l'arbitraire des grands caïds.

Le régime des Capitulations disparaîtra de lui-même le jour où, pour obtenir justice, il suffira au Marocain de se réclamer de la France. Un de ces impondérables, dont parle Napoléon, nous sera dès lors acquis, un changement se produira dans la mentalité de l'Arabe, qui nous haïra encore, sans doute, mais redoutera le retour d'un régime passé.

Cela, en certaines régions, nous l'avons déjà réalisé; toutefois, cette transformation pacificatrice n'est pas l'œuvre d'un jour. Il semble, je le répète, que notre premier soin doive être de diminuer, aussitôt que les circonstances le permettront, la domination, désormais caduque, des grands caïds, dont certains, tel le pacha de Marakech, pourraient plus tard devenir pour nous des adversaires dangereux.

Afin d'atteindre ce but, il convient d'envoyer au Maroc des fonctionnaires dévoués, — j'en ai connu qui prenaient véritablement leur mission à cœur — des hommes bien préparés pour assumer la tâche délicate d'administrer une population hostile, de déjouer ses ruses et sa duplicité. L'Algérie, la Tunisie, la France même nous fourniront ces hommes.

La seconde partie de l'action civilisatrice incombe au colon. — Dans le pays qu'il met en valeur, traiter l'indigène avec fermeté, mais sans cette brutalité dont il use parfois encore en Algérie et en Tunisie, lui faire constater la supériorité de ses méthodes de travail, l'amener à les adopter et à s'enorgueillir du progrès réalisé : tel doit être le rôle du Français, citoyen de la nouvelle France.

Le jour où fonctionnaires et colons auront accompli leur œuvre commune, la conquête se trouvera achevée. Nous pourrons ne laisser au Maroc que les seules troupes de police et envoyer les autres sur nos frontières.

Certes, par la suite des temps, la révolte du vaincu reste toujours possible, mais cette révolte, si elle se produit, se fera dans des conditions plus rationnelles, nous permettant de la prévoir, d'en mesurer l'étendue, car les conducteurs de foules seront des hommes nouveaux, que nous aurons instruits et formés. Assurément, d'un certain côté, l'insurrection ne nous apparaîtra que plus redoutable, nous n'aurons alors qu'un seul moyen de la conjurer : être forts en Europe [1], posséder en France même une industrie dont la prospérité, source de richesse pour le prolétariat, recule dans l'avenir les grands conflits sociaux.

1. Ces pages furent écrites en mer, loin des événements qui se préparaient, quelques jours avant la mobilisation. L'auteur, redisons-le, n'arrivait à Paris que le 29 juillet, au matin, s'engageait le 10 août 1914 et tombait au champ d'honneur le 1er juillet 1917.

FRAGMENTS DE JOURNAL INTIME

PENDANT LA GUERRE

31 juillet 1914 — 30 juin 1917.

———

Paris, 31 juillet 1914. — Vers la fin de l'après-midi, je suis sorti. Un camelot me vend *La Presse*, qui porte en manchette :

Dépêches de Berlin. Un arrêté de Guillaume II.

En quelque sorte, l'état de guerre vient d'être proclamé outre-Rhin : abrogation des lois du temps de paix au profit des lois martiales, suppression des libertés individuelles, notamment de la liberté de la presse, établissement de la censure, arrêt des trains internationaux. — Ne nous leurrons pas, la mobilisation allemande s'effectue silencieusement dans l'empire qui se ferme.

La foule s'écoule sur les boulevards débarrassés des tables de café, laissées, par ordre, à l'intérieur.

Deux amis s'abordent :

— C'est pour ce soir, il paraît.

— Qu'est-ce qui est pour ce soir ?

— La mobilisation, la guerre, des millions et des millions d'hommes jetés les uns contre les autres !

A l'audition de ces paroles, le second des interlocuteurs, un vieillard, comme frappé de stupeur, s'écrie :

— La guerre !... Et plus horrible que jamais avec les raffinements de la science moderne ! Pareille abomination peut-elle encore se produire, en pleine civilisation, vingt siècles après qu'une voix prêchant l'amour infini a retenti dans le monde !...

Les deux amis se serrent la main, et, sans rien dire de plus, se séparent.

Devant la façade de l'immeuble appartenant au journal *Le Matin*, le peuple se presse, mais reste silencieux. Une patrouille d'agents passe afin de prévenir tout encombrement de la chaussée.

A l'entrée d'une rue, des camelots vendent une feuille de musique : *Visions de guerre* (chanson patriotique), et, au son d'une guitare, la foule murmure :

> « Nous défendrons la liberté
> « Que nos aïeux nous ont conquise,
> « Nous serons dignes du passé. »

1er *août* 1914. — Ce matin, au réveil, je n'entendis pas crier : *La Presse !* et je crus à la détente. — Les journaux que je feuillette m'apprennent la mobilisation austro-russe.

Je me promène par les rues. Un père de famille, arrêté devant une boutique qu'abrite un porche hospitalier, achète des bretelles pour son *garçon*, qui retourne sous les drapeaux.

La mobilisation semble commencée, les réservistes de la classe 91 sont appelés.

Une femme passe avec son fils, et tandis que les larmes emplissent les yeux de la mère, le fils, lui, parle d'une voix ferme, il refoule sa propre inquiétude par un sain optimisme, lors je pense :

Peuple de France, aie confiance en tes enfants. Sur notre sol on naît libre, sous notre ciel on respire l'amour de la justice et la générosité de l'idéal national nous donnera, je ne dis pas le courage — nous sommes braves dans la vieille Gaule — mais l'énergie de supporter les journées de marche et les nuits sans sommeil.

Vers la fin de l'après-midi, le bruit se répandit que le décret de mobilisation était placardé. Je suis allé à la caserne du Vieux-Colombier, effectivement quelques personnes y stationnaient, les yeux fixés sur une affiche blanche :

Ordre de mobilisation.

. . . .

2 *août* 1914. — Les agents de police ont été armés de fusils, pour le cas de manifestations.

La vie du pays n'est pas encore arrêtée, la foule, depuis ce matin, emplit les magasins d'alimentation. Sous ma fenêtre roulent de lourds chariots, au quatrième étage de la maison d'en face, un dessinateur, penché sur sa table de travail, poursuit l'exécution de ses plans.

Toutefois l'exode de la population civile continue et les boulevards sont envahis par des figures étrangères. C'est le dernier jour de fonctionnement des trains commerciaux. Malheur pour ceux qui ne peuvent les prendre, ils devront attendre vingt jours que la mobilisation soit terminée.

A quatre heures, on apprend l'envahissement du Luxembourg et l'entrée des troupes allemandes en territoire français. L'ambassadeur d'Allemagne, cependant, ne se presse point de quitter Paris, et, rue de Lille, un cordon de gardes préserve l'hôtel de toute manifestation.

Le décret de mobilisation sera demain homologué par les Chambres, qui sont convoquées.

Tout se passe jusqu'ici avec calme, ordre, résolution.

Ce soir, sur les boulevards, où les autobus réquisitionnés ne circulent plus, quelques manifestations ont lieu :

« Vive la guerre ! A Berlin ! Aux armes citoyens ! Qu'on nous rende l'Alsace et la Lorraine ! »

10 août. — Je signe mon engagement comme motocycliste du 19ᵉ escadron du train des équipages[1].

Des enfants de la classe 1915 se présentent au bureau de recrutement : « Et nous, qu'est-ce que nous faisons ? » demandent-ils.

15 août 1914. — Navré suis-je de penser que, sans doute, je vais être délégué pour convoyer des camions !

1. Entré dans le train des équipages militaires parce qu'étant *exempté de tout service* il n'avait pas reçu d'instruction militaire, il passa promptement, de par ses efforts mêmes, dans l'artillerie lourde (automitrailleuses).

17 *août* 1914. — Depuis hier, je dépends du service de l'intendance, me voici planton motocycliste ; nous sommes quatre ainsi confinés dans cet emploi peu récréatif.

31 *août* 1914. — Près de ma fidèle machine, je stationne aux Invalides, — Cour des aveugles — et mes yeux, hélas ! n'aperçoivent aucune lumière qui me permette d'en sortir.

1ᵉʳ *septembre* 1914. — Les nouvelles sont bien mauvaises ces temps-ci. Plus d'un parmi nous enrage de rester, quoique soldat, paisible habitant de Paris, alors qu'à cent cinquante kilomètres on se bat.

8 *septembre* 1914. — Revenant d'une course un peu longue, je m'arrête aux portes de la ville, dans un humble débit, afin de prendre une tasse de café. Lorsque je veux payer, le patron fièrement s'y refuse : « Pour un soldat, dit-il, ce n'est rien. » Insister serait désobliger ce brave homme ; je m'éloigne : — bon peuple de Paris !

Un ouvrier américain fait une soudure à ma motocyclette. Au moment de rétribuer ses services, il secoue la tête : « Descendez seulement un Allemand et nous serons quittes. »

Enfin, un médecin anglais, qui soigne par des massages électriques la foulure rebelle d'un de mes camarades, aborde spontanément avec son client la question des honoraires : « Je ne vous prendrai

pas un centime, lui assure-t-il, ce sera pour : vive
la France ! »

14 septembre 1914. — Un jour de plus vient de
s'écouler ; non sans tristesse je pense que bien
d'autres s'écouleront de même, me laissant immobile,
près de ma machine, dans l'attente de quelque pli à
porter, qui souvent ne vient pas.

Reconnaissons-le humblement, l'emploi de cette
journée, en particulier, ne fut certes point d'un
guerrier. Après une matinée d'oisiveté forcée, je
gagnai, vers midi, un petit restaurant où le sourire
aguicheur d'une gentille servante m'avait déjà ramené une ou deux fois. Je consommai un bœuf garni,
un haricot vert et un fromage, soit au total, en langage militaire, vingt *ronds*. Jusqu'alors je ne dépas-
sais nullement les dépenses permises à un soldat de
deuxième classe, recevant une indemnité journalière
de deux francs cinquante centimes. Mais, au sortir
du restaurant, j'entrai dans une crémerie, j'absorbai
pour sept sous de crème fraîche, d'un goût exquis ;
de là, je me dirigai du côté de la rue de Médicis, j'y
connaissais une pâtisserie et bientôt je me trouvai
attablé devant deux gâteaux à la crème, accompa-
gnés d'une tasse de chocolat bien sucré.

Il faisait délicieusement bon en face du Luxembourg. Un vent d'automne, frais, humide de la pluie
récente, pénétrait par bouffées. Confortablement
assis, je regardais passer la petite ouvrière pâle, les
cheveux tirés, la bourgeoise élégante, serrée dans

un tailleur foncé, le visage éclairé d'une voilette blanche, et la belle empanachée qui promenait son décolletage sous les arbres jaunissants.

Sur le trottoir, un égoutier, assis les jambes pendantes dans son trou, roulait une cigarette avant de descendre explorer la ville souterraine. Moi-même, faut-il l'avouer ? j'allumai ma grande bouffarde achetée au moment où j'espérais partir sans délai, là-bas, vers les champs balayés par le canon. Je m'étais dit que, plus tard, lorsqu'elle serait vieillie par des mois de campagne, je reverrais se dérouler, à travers les spirales épaisses de sa fumée, les longues randonnées sur la route des victoires, que je croirais entendre encore le galop des uhlans, le clairon de nos chasseurs sonnant la charge, le sifflement des balles, que je me remémorerais, en souriant, mon premier frisson sous les obus, qu'enfin je m'imaginerais regarder de nouveau le visage du brave colonel ou général qui m'aurait épinglé sur la poitrine la croix que j'espérais bien rapporter. Sur ce, je me rappelai le tableau célèbre dans lequel on voit un pauvre diable assis sur le rivage, suivant d'un regard mélancolique la barque chargée des illusions de sa jeunesse : illusions perdues... Bast ! pour ma part, point encore ; un peu de patience et l'heure dangereuse me trouvera plus d'une fois, sans doute, au poste périlleux, ainsi que je l'ai, dès le premier jour, souhaité.

En attendant, je restai le plus tranquillement du monde un certain temps encore, enfoncé dans mes rêveries, puis, le moment venu, j'enfourchai ma motocyclette et allai reprendre ma faction.

25 *septembre* 1914. — Un photographe est venu nous faire ses offres de service. Mon collègue motocycliste ayant insisté auprès de moi, j'ai déboursé les vingt sous demandés par cet artiste.

30 *septembre* 1914. — La jolie infirmière aperçue en métropolitain, avec sa cornette, ses cheveux fous sur le front, un manteau noir jeté par-dessus sa jupe blanche...

Soirée paisible. Lune claire et froide qui réfléchissait sa lumière dans la Seine, tandis que je me hâtais vers le parc.

1ᵉʳ *octobre* 1914. — Quand je pense que ce matin un officier me demandait pour conduire une automitrailleuse : — Vous nous rendrez beaucoup de services, me disait-il, — et que la mauvaise volonté d'un sous-officier et du lieutenant a fait échouer la combinaison : — Mais non, mais non, vous nous êtes utile ici, répondirent-ils. — Malédiction ! [1]

---

1. Ce désir se réalisait le jour suivant, sa volonté persévérante ayant eu raison des obstacles. Comme conducteur d'automitrailleuse, il partit pour la Belgique où le 6ᵉ groupe d'autocanons, 7ᵉ division de cavalerie, auquel il venait d'être attaché, devait prendre part, en connexion avec les Anglais, à la bataille d'Ypres. Plus d'une fois alors Augustin Guyau abandonna le volant pour remplacer un mitrailleur tué ou blessé, reprenant au besoin la direction, dès qu'il devenait nécessaire d'aller plus loin.

Paris, 2 octobre 1914. — Une fois encore je vins m'accouder sur mon balcon. La soirée était tiède, la lune mi-voilée ; les automobiles militaires, de temps à autre, passaient, silencieux. De là-haut, j'ai respiré l'air pur du crépuscule. — Adieu, beau balcon, qui me vis venir parfois dans les nuits sereines poursuivre quelque rêve ; une mitrailleuse, dès demain, va m'emporter au front de nos armées : la voix grisante du canon m'appelle.

Vlumerthigue, 12 *novembre* 1914. — Le long d'une haie, douze automobiles, à la tombée du jour, se sont arrêtés. Sous la toile de leurs bâches on devine la forme svelte des mitrailleuses ou bien le bouclier des petits canons de marine. Nous attendons les ordres.

La rafale gémit dans les branches effeuillées et emporte le bruit du canon. Pas d'étoiles ; la pluie, par instant, nous arrive en plein visage. L'horizon s'illumine d'une façon presque ininterrompue d'éclairs brefs, où rougeoie du feu des incendies. C'est une nuit âpre de novembre, propice aux coups d'audace.

Près de quelques feux, nous nous sommes réunis. Un chauffeur de course survient, l'uniforme recouvert d'un long paletot de coupe anglaise ; il s'installe non loin de moi et nous divertit par ses facéties et son bagout. A côté, un gavroche parisien allonge son visage rusé ; un Breton trapu, aux yeux gris, ne nous écoute que d'une oreille, l'esprit ailleurs, peut-être revoit-il sa chaumière battue des vents du large ? un

jeune mécanicien de marine, glabre, serré dans sa
« chemise de laine », prompt à la riposte et le parler
gras, paraît plutôt un habitué du *Sébasto* que des
soutes de navire. En arrière, les visages s'estompent
dans la demi-lumière, perdant leur caractère propre ;
mais, sous le bonnet du marin ou le képi de l'artil-
leur, c'est toujours le même petit soldat de France
qui, jadis, parcourut l'Europe. S'il n'a peut-être pas
l'enthousiasme de nos aïeux de 89, du moins, comme
eux, il possède la volonté de vaincre, comme eux, il
se montre insouciant, gai, il s'amuse de la farce faite
la veille à un camarade, entonne une chanson, dis-
cute stratégie, politique, cuisine, s'entête au sujet de
son opinion, regimbe contre la discipline et sait être
héroïque — sans s'en douter.

Notre feu tombe, les dernières branches achèvent
de brûler : ce soir encore l'ordre de marcher n'est
pas venu. Alors, l'un après l'autre, nous prenons nos
couvertures et pour couchettes nous trouverons les
bottes de paille d'un garage.

Novembre 1914 (quantième indéterminé). — Ami
lecteur, toi qui peut-être un jour parcourras ce journal de route d'un soldat de France, songe qu'à travers ces feuillets c'est en toi-même que tu liras. La
guerre a réveillé au fond de nous tous de vieux ins-
tincts endormis par un demi-siècle de paix. Dès le
premier cri d'alarme, nous, les jeunes gens, nous
nous sommes dressés, heureux de manier une arme
de mort, impatients d'affronter le danger, impatients

d'apprendre si nous étions dignes de vivre sur la terre des vieux Gaulois, si nous étions des hommes libres ou un peuple d'esclaves. Et nous sommes partis : nous avons lutté contre nos nerfs que le bruit crispait, contre la fatigue dont le poids alourdissait nos pas; nous avons commencé enfin la moisson des souvenirs merveilleux où se mêlent l'horreur des champs de carnage et la lumière des jours de victoire.

Heureux ceux qui, soutenant l'effort jusqu'à l'heure dernière, sortiront en vainqueurs de l'ultime combat.

Wormhout, 4 décembre 1914. — C'est aujourd'hui la Sainte-Barbe, patronne des artilleurs, que nous avons la chance de fêter dans une petite ville de France. Il vente et la lune pâle frange de clarté la tour massive de l'église.

A l'estaminet, nous rencontrons quelques-uns des héroïques petits chasseurs cyclistes, au repos en ce moment. Ils se sont groupés autour d'une même table. L'un d'eux monte sur une chaise et bat la mesure, l'autre a saisi un vieil accordéon, un troisième joue du tambour sur la table, les camarades accompagnent avec cuillers et fourchettes et l'orchestre improvisé nous fait entendre les morceaux de son répertoire. Un marin se lève :

« Tiens bon, toi, gabier d'artimon,
« Gabier de misaine, tiens bon. »

Les chansons se succèdent, sentimentales ou gaies, ou brillantes.

Sur le coup de huit heures, — la crainte de Pandore est le commencement de la sagesse, — la salle se vide. Quelques poignées de main et nous nous séparons des petits chasseurs qui, depuis quatre mois, chaque jour, ont frôlé la mort sans trembler.

Cassel, Noël 1914. — Voici deux mois et demi que notre groupe d'autocanons suit la septième division de cavalerie, mais la guerre de tranchées, trop tôt établie, ne nous a malheureusement plus permis ces raids audacieux dont nous ne cessions de rêver, ces retours au bivouac avec des vêtements pleins de boue, du sang dans les yeux et un peu de gloire dans nos souvenirs !

Sur la terrasse du casino abandonné qui domine Cassel, je veille près de nos mitrailleuses, hissées là-haut et pointées vers le ciel, prêtes à tirer contre l'ennemi aérien s'il venait d'aventure attaquer le quartier général du général Foch[1].

Le jour se lève tard ce matin. L'horloge de la vieille église égrène son gai carillon, et, lentement, la cloche au son grave a résonné huit fois.

Les arbres se sont fleuris de givre. La plaine s'étend, toute blanche, le brouillard de la nuit, non dissipé encore, nous empêche d'apercevoir, dans le lointain,

---

1. Il appartenait à la 12e section d'automitrailleuses et était attaché, depuis les derniers jours de novembre, au quartier général du général Foch.

la mer à Dunkerque et les éclairs du canon à Ypres.

Sur la pente d'un pli de terrain, un moulin, les bras immobiles, se penche vers l'abîme brumeux d'où émerge une flèche d'église.

Maintenant le soleil tourne et, très rouge, il sort de la nue; nous scrutons l'horizon avec nos jumelles, mais, depuis que nous montons ici la garde du ciel, aucun avion ennemi ne s'est encore approché de Cassel.

Cassel, 14 janvier 1915. — Le soir, on voit se succéder, d'Armentières à Ypres, les fusées lumineuses lancées par les Anglais. D'instant en instant, le ciel s'éclaire d'une lueur et l'on entend le bruit sourd des canons de premier calibre.

La température ne me paraît pas rigoureuse; il y a un mois ou deux, au parc d'aviation, dans lequel nous étions alors cantonnés, je me rappelle avoir monté la garde de nuit par cinq degrés au-dessous de zéro, sans m'être d'ailleurs senti incommodé le moins du monde. — N'était que l'inaction me pèse, je serais fort bien en cette petite ville hospitalière pour passer la mauvaise saison.

Cassel, 21 janvier 1915. — J'ai lu dans l'*Echo de Paris* qu'on demandait aux soldats jugeant avoir les titres suffisants de se faire connaître pour être nommés, après quinze jours de stage, officiers d'administration. Ici même, on me donnait le conseil de briguer cet emploi; mais, soldat du service armé, fier de l'être, et plus résistant que certains ne l'imaginent, je ne saurais entrer dans cet ordre d'idées.

Paris, 2 février 1915. — Paris est triste, on ne rencontre que convalescents qui s'avancent avec peine, appuyés sur leur canne. Et combien d'entre eux resteront infirmes pour toujours !

Hier soir, au théâtre[1], je voyais dans une loge un tout jeune sous-lieutenant ; la croix d'honneur brillait sur sa poitrine. Pendant l'entr'acte, je passai près de lui : il se soutenait à l'aide de deux béquilles et l'une des jambes de son pantalon flottait sur le moignon du membre mutilé. Une fine moustache ombrait légèrement les lèvres du juvénile officier, il était grand, bien découplé, toute une vie s'ouvrait devant lui... D'autres sont aveugles, ou, plus heureux, gardent encore en leur visage, brûlé par les gaz nocifs, un œil intact, d'autres...

Ce matin, je stationnai sur le quai du métropolitain près d'un vieil employé, un peu voûté ; il s'entretenait avec une femme de sa connaissance et disait : « Le reverrai-je ? Cette incertitude me tue. »

Cependant la vie reprend malgré tout à Paris ; l'activité règne dans plus d'un atelier, les salles de spectacles se rouvrent et les travailleurs, avides de distractions, écoutent débiter :

« C'est une fille de Bruxelles, une merveille savez-vous ? »

1. Au cours d'une mission à Paris, dont Augustin Guyau et un de ses camarades furent chargés en février 1915, tous deux avaient autorisation de rentrer, le soir, à leur domicile respectif.

Entre les lits d'hôpitaux s'ébauchent ou se dénouent, m'assure-t-on avec malice, les romans d'amour : « tout est toujours le même ».

Le drame que nous vivons aujourd'hui n'est, sans doute, qu'une des phases de l'éternel « struggle for life » ; seulement, plus brutal, plus tragique que d'ordinaire, il parle davantage à l'imagination qu'il frappe d'épouvante. — Peut-être convient-il de répéter avec le sage : « Pourquoi te troubles-tu, qu'y a-t-il de nouveau ? »

Cassel, 20 *février* 1915. — Une demande que j'avais adressée, le 13 décembre 1914, pour entrer dans l'aviation n'ayant pas eu de suite, je fis, le 10 février 1915, une autre demande qui n'aboutit pas davantage et qui vient de me revenir [1].

1. Copie du document, lequel porte le timbre de la 5e armée :

Q. G. du général Foch, 10 février 1915.

Le soldat Guyau (Augustin) à Monsieur l'Enseigne de vaisseau Gouault, commandant la 12e section d'autocanons, au Q. G. du général Foch.

Lieutenant,

Monsieur le lieutenant de vaisseau Guyot, commandant le 6e groupe d'autocanons, a bien voulu transmettre le 13 décembre 1914 une demande que je lui avais présentée et dont je vous remets ci-inclus copie.   A. Guyau.

Copie de la demande adressée par le soldat Guyau Augustin (classe 1903) à Monsieur le lieutenant de vaisseau Guyot, commandant le 6e groupe d'autocanons, le 13 décembre 1914.

Capitaine,

Je serais heureux, au cas où mon départ ne vous paraîtrait pas nuisible au fonctionnement du sixième groupe d'autocanons, d'être

Cassel, 22 *février* 1915. — Enfin, disons le mot, nous sommes devenus des embusqués, — hors Paris — il est vrai, mais des embusqués tout de même. Ce n'était assurément pas pour cela que je m'engageai dès le début de la guerre. — Ne quitterai-je donc jamais Cassel !

Cassel, 6 *mars* 1915. — Le printemps vient, la température semble notablement moins froide, mais il pleut toujours autant.

Et ce qui ne varie pas plus que la pluie, c'est l'ennui, l'ennui profond ; aussi, depuis deux jours, ai-je subi une violente attaque de la part du *cafard*, comme nous disons ici, à l'instar des coloniaux. J'essaie de calmer ce terrible animal en jouant aux échecs, aux dames, en lisant et en bourrant des pipes. — Ainsi passent des heures qui auraient pu être belles !...

Cassel, 27 *mars* 1915. — Le ciel brumeux s'éclaircit. Sur notre terrasse d'observation la vue se découvre, superbe, nous apercevons même Ostende et

affecté aux services d'aviation (observateur, servant d'une pièce d'artillerie à bord, pilote).

Docteur ès sciences, ingénieur diplômé de l'Ecole supérieure d'Electricité de Paris, je suis, depuis plusieurs années, les travaux relatifs à l'aviation. Je lis couramment la carte d'état-major, étudiée naguère à l'Université (cours de géodésie du certificat d'astronomie), je parle allemand et je peux être à même de rendre des services comme observateur ou servant d'une pièce d'artillerie de bord. Au cas où cela serait jugé utile, je ferais volontiers mon apprentissage de pilote.

A. GUYAU

son phare, lesquels doivent être distants d'une soixantaine de kilomètres.

Cassel, 29 mars 1915. — Un avion allemand se risque, il survole Cassel, parallèlement à la rue principale (rue de Saint-Omer) et laisse tomber treize bombes. Le vent du nord les rejette toutes de l'autre côté de la rue, dans les prés qui, du versant de la colline, descendent jusqu'aux habitations. Dégâts nuls, point d'autre meurtre que celui d'un moineau prenant le frais sur le fil d'un trolley — et chacun de rire.

12 avril 1915. — J'ai pourtant obtenu de me faire désaffecter par un ordre du général Foch, ordre que ce chef donna d'ailleurs sans le savoir, vu que le général adjoint s'occupe seul de ces minces besognes. On m'envoie au dépôt de Troyes pour y chercher de nouvelles destinées...

14 avril 1915. — En route donc, Paris d'abord, Troyes ensuite, puisque me voici, sur ma demande réitérée, versé dans l'infanterie. — Un dernier adieu à Cassel, séjour trop calme [1] !

Hauts de Rupt, un versant couvert de hêtres, 10 mai 1915. — L'endroit est silencieux, paisible. Nous prenons l'existence du bon côté, tout paraît si beau dans

1. Incorporé au 356e régiment d'infanterie, qui se reformait après avoir été décimé, le nouveau fantassin partit de Troyes, dépôt du régiment, pour les bords de la Moselle, et, plus tard, pour les tranchées de première ligne du Bois-le-Prêtre.

les grands bois qu'il faudrait avoir l'esprit bien mal
tourné pour qu'il en fût autrement. D'ailleurs, depuis
que j'ai quitté la Belgique et nos départements du
nord, je ne cesse de m'extasier sur le temps, la chaleur, le charme du paysage. Ainsi, hier, au clair de
lune, je me suis promené sous bois : il y régnait une
fraîcheur exquise. Lors, accommodant quelque peu
les paroles de Charles d'Orléans, j'affirmai avec conviction :

« Oh! la doulce plaisance de veoir France que
mon cueur amer (aimer) doit. »

19 *mai* 1915. — L'artillerie avait demandé un calculateur pour essayer de déterminer par le son, la
lumière, etc., la position inconnue des batteries enne-
mies. Mais quand l'excellent capitaine P... m'eut dit
que c'était une fonction analogue à celle que je venais
de quitter, je le priai de me mettre au nombre des
candidats écartés. C'est ainsi que je continue de manier la pioche (nous creusons des tranchées), en
attendant l'envoi sur la ligne de feu.

24 *mai* 1915. — Hier, violente attaque, la canon-
nade se poursuivit toute la nuit. Aujourd'hui, calme
parfait.

26 *mai* 1915. — A onze heures, bombardement de
nos cabanes à tir fauchant. Ils pointaient vraiment
mal, leurs marmites (peut-être des 130 autrichiennes)
tombaient vingt mètres plus loin.

29 *mai* **1915. — Le cimetière de Montauville.**

J'ai comme camarade un jeune instituteur de dix-neuf ans dont le frère, officier de réserve, cité à l'ordre du jour, est enterré au cimetière de Montauville. Tous deux nous allâmes en forêt cueillir du muguet, puis, avec de gros bouquets, nous prîmes le chemin de Montauville, afin de fleurir le sommeil de ce brave. Dans une prairie, proche du village, des croix de bois très simples, les mêmes pour tous, sont alignées, elles portent uniformément en exergue : *Mort au champ d'honneur.* Un cailloutis rouge dessine des arabesques sur les tombes. Çà et là, prospèrent des buissons de verdure qu'entretiennent nos soldats. La paix de ce coin glorieux n'est troublée que par le bruissement léger ou par le sifflement des obus qui passent et vont, là-bas, chercher nos batteries.

30 *mai* **1915. —** Je me rends auprès du capitaine, faisant fonction de commandant, et lui dis : « Mon commandant, je ne suis pas terrassier de mon métier, je désirerais un emploi plus belliqueux. » Il me regarde et répond : « Changer votre affectation ? A quoi bon ! Croyez-moi, vous seriez encore beaucoup mieux au logis... et moi aussi. » Sur ce, il me congédie.

31 *mai* **1915. —** Citations, croix, médailles... Ne faut-il pas agiter des ficelles pour faire danser les marionnettes humaines ? Et puis, si éprises de l'existence se montrent-elles parfois, ces marionnettes, qu'au lieu d'estimer tout à la mesure de la brièveté, de l'insipidité de la vie, et de marcher gaîment, elles n'avancent le plus souvent qu'avec peine et regret. Force est donc de trouver quelque chose qui brille, afin de les séduire, de les conduire, et ce sera, sinon l'étoile du ciel, trop lointaine ou voilée, du moins une croix, un bout de ruban...

Juin 1915 (quantième indéterminé). — Le bruit avait couru que nous allions aller aux Dardanelles ; hélas ! ce n'était qu'une fausse nouvelle.

6 juin 1915. — Insupportables travaux de terrassement ! — Je commence à connaître tous les bois d'alentour, toutes les sources où se baignent d'invisibles naïades et j'aimerais changer de coin comme d'emploi.

24 juin 1915. — Le vieux commandant, qui voulait me renvoyer chez moi, a trouvé le moyen de rentrer chez lui : il s'est donné une entorse en visitant nos travaux.

Tout semble calme dans notre séjour, l'effort s'est reporté vers le nord.

Vraiment le métier de terrassier me devient par trop fastidieux, mais je n'entrevois jusqu'ici nul procédé pour y échapper. Heureusement que parmi les plantons du colonel j'ai rencontré un agrégé de mathématiques, et, tous deux, « rendus à nos chères études », nous oublions l'heure qui passe.

1ᵉʳ *juillet* 1915. — Enfin, nous rentrons dans nos compagnies. De quel cœur je vous délaisse, pelles, pioches... et vous aussi, flâneries variées !

4 *juillet* 1915. — Hier, notre 75 a tourné pendant vingt minutes, faisant preuve d'une surprenante rapidité. Il anéantissait, paraît-il, un régiment ennemi trop pressé de visiter nos lignes : Dieu ait l'âme des « kamarades » !

5 *juillet* 1915. — Quand j'arrivai ici, avec la classe 15, je trouvai ces « jeunes » animés, sinon par une *volonté énergique*, — corollaire d'un esprit d'abnégation qu'il n'est peut-être pas donné à tous de posséder — du moins par la pure et simple *bonne volonté*. Toutefois, nous nous montrions plus fermes que cela, en Belgique, à la 7ᵉ D. C.! Objectera-t-on que le travail y était moins meurtrier ? Eh ! qu'importe, le danger doit-il se mesurer ? Persuadons-nous bien que l'essentiel, où qu'on soit, devient, et deviendra de plus en plus, de *savoir vouloir*. Napoléon a dit : « La victoire appartient au plus opiniâtre. »

Juillet 1915. — Un des nôtres s'éloigne par ordre, pour aller... vers un inconnu que peut-être hante la mort. Il part gaîment, mais, ce soir, en rentrant dans notre gourbi, je l'ai vu s'étendre près de la chandelle, sortir de son portefeuille une mèche de cheveux d'ébène, puis relire des lettres, — des lettres d'amour.

Juillet 1915. — Bonne paille, ici, pour dormir, bonne paille chaude dont j'ai toutes les peines du monde à me tirer le matin, quand le soleil envoie par les lucarnes ses brillants rais de lumière, et Dieu sait s'il se lève tôt le soleil, en cette saison [1] !

Date indéterminée. — Temps un peu aigre. J'avoue que je regrette vivement que les troupes envoyées en Serbie aient été désignées d'office. Quel beau voyage j'eusse pu faire sur les bords du Bosphore ! « Pleurez, mes yeux ! »

Bois-le-Prêtre, 10 octobre 1915. — Nous occupons un élément de tranchée, couverte avec les troncs des vieux arbres du « Bois ». Des planches de gabions que nous avons « embusqués », nous servent de lits : derrière chacun de nous, un créneau, en face de nous, la petite allée de circulation. Un fagot pétille dans une cheminée dont nous avons foré le dégagement à travers le parapet. Quoique un peu enfumés, nous sommes chauffés et contents. Aux deux extrémités de la tranchée, des toiles de tente, qui s'agitent au vent, coupent le courant d'air. Nos lustres, d'humbles bougies suspendues par un fil de fer au plafond, nous prodiguent leur pâle clarté. A ma droite, on lit un roman, à ma gauche, le journal que Minette, l'ordon-

---

1. Interruption des notes dans le carnet du soldat, un long séjour de six semaines à deux mois se place au cours de la saison chaude dans les environs de Liverdun (près Nancy), période de marches, de manœuvres et de repos alternés.

nance du lieutenant, nous a apporté. L'un de nous
fend du bois, les autres parlent de la guerre, de chez
eux, en attendant l'heure de la garde ou du sommeil.
Tout est calme ce soir. De temps à autre un coup de
fusil ou le sifflement d'une fusée éclairante qui s'élève
rompent seuls le silence. Enveloppé dans ma peau
de mouton, je fume philosophiquement ma pipe :

« Le bonheur, ô mon Dieu, vous me l'avez donné. »

12 octobre 1915. — Une voiture d'ambulance est
immobilisée par un accident de route : le personnel
s'affaire. Lorsque cahin-caha elle reprend sa marche,
je dis à un de mes camarades, spectateur comme moi :

« Nous n'avons entendu ni cri ni plainte de la part
des blessés, malgré que le choc brusque de l'arrêt et
les cahots du démarrage durent leur être doulou-
reux. »

Et le brave garçon de répondre :

« Chacun supporte en silence sa souffrance, pen-
sant que ceux qui sont restés là-bas, sur le champ de
bataille, ont encore souffert davantage. »

31 octobre 1915. — Étrange, je ne suis plus tel que
je me connaissais dans le civil : j'endure avec la même
indifférence le chaud, le froid. D'ailleurs, en hiver, il
n'y a que deux mois vraiment pénibles : janvier et
février.

17 novembre 1915. — On m'a nommé caporal.

La différence ne me paraît pas très grande entre le

soldat que j'étais hier et le caporal que je suis aujour-
d'hui.

*Extrait d'une lettre adressée à l'un de ses anciens
maîtres et dont le brouillon fut retrouvé au fond d'un
portefeuille.*

En campagne, ce 28 novembre 1915.

Monsieur et cher maître,

Votre affectueuse lettre me trouve, par dix degrés
de froid, dans les tranchées du Bois-le-Prêtre, au milieu d'un paysage de neige. Le pain et le vin que le
ravitaillement nous apporte sont gelés et, la nuit,
pendant les heures de garde, nous nous enveloppons
dans les peaux de mouton qui nous ont été distri-
buées. Nous sommes cependant beaucoup moins mal-
heureux que certains veulent bien le dire. La vie au
grand air nous a endurcis, nous dévorons les soupes
que nous préparent les « cuistots » avec un plaisir
tout animal et, au moins dans quelques-unes de nos
positions, nous pouvons nous chauffer, le soir, en nos
abris.

Depuis la date du 12 avril, date à laquelle j'ai
obtenu du général Foch un ordre de changement
d'affectation, j'appartiens à l'infanterie et je suis ma-
triculé dans les registres du 156e. En effet, à la fin
de novembre 1914, des régiments de territoriaux,
puis des troupes actives étant venus relayer notre
cavalerie de son rôle défensif en Belgique, avaient
rendu, de ce fait, l'emploi de mon automitrailleuse

secondaire. Le poste de protection contre avions du Q. G. du général Foch, que j'occupais en dernier lieu, était peu intéressant et contraire à celui que, dans ma pensée, j'avais assigné à un « engagé volontaire », en sorte que je fus heureux d'obtenir cette modification dans ma situation militaire. Être, même malgré soi, dans les services d'arrière, pouvoir paraître un embusqué aux yeux des mères ou des veuves qui, si nombreuses après la guerre, pleureront les leurs, me semblait peu digne et du nom que je porte et de la place que j'ai essayé de conquérir au sein de l'élite intellectuelle de notre pays qui matérialise, dans chaque génération, cette culture française que nous défendrons jusqu'au bout... »

15 janvier 1916. — Grêle, neige. — Un jeune camarade vient de recevoir, par l'intermédiaire de l'ambassade de France à Londres, un colis de « nos amis les Australiens ». Comme tous ici voient en moi le scribe de la compagnie, je dus faire la lettre de remercîment et je me laissai entraîner à développer quelques idées de circonstance... Mon petit camarade (classe 15) passera, je le crains fort, et par ma faute, pour un pédant. Mais il se montra enchanté, de même que cet autre, au nom duquel il me fallut, hier, composer une épître d'amour —d'amour respectueux — pour sa payse.

22 février 1916. — La santé physique s'accommode assez mal des soucis, voilà pourquoi, nous autres,

nous nous portons si bien, malgré fatigue et froi-
dure. Ma famille me reproche d'être un peu casse-
cou, — à la guerre, cela passe pour une qualité ;
dans le civil, j'aime presser l'accélérateur de l'automobile, ou courir le bled.

Être heureux, ne serait-ce point s'abstraire parfois
de l'existence, en se laissant griser par le mouvement,
le nouveau, l'imprévu... par une harmonie d'idées,
de phrases, de sons, de nuances ou de sensations ?...

3 mars 1916. — Dans nos tranchées, bien aména-
gées, les bombardements, lorsqu'ils n'atteignent pas
les proportions de ceux de Champagne ou de Verdun,
ne produisent que des dégâts matériels, vite réparés.
L'offensive allemande semble d'ailleurs se ralentir.

18 mars 1916. — Clair soleil le jour, belle lune la
nuit.

De loin, je vois d'assez bon œil l'offensive contre
Verdun. Une pression semblable fut tentée par l'ennemi sur l'Yser et à Ypres, quand j'étais en Belgique,
et elle échoua après un mois d'efforts. A Verdun,
nous n'avons pas, il est vrai, les eaux inondantes et
dociles pour nous servir, mais je crois que le terrain
est d'une défense beaucoup plus facile. Au surplus,
des artilleurs, qui viennent de là-bas, disent que la
situation paraît favorable.

21 mars 1916. — Nous n'allumons plus de feu et
mangeons la soupe dehors.

Des Parisiens m'écrivent, ils m'instruisent de force débats, politiques ou autres : moi, du fond de mon gourbi, les choses civiles me paraissent bien lointaines.

28 mars 1916. — Réflexions qui occupèrent mon esprit au cours d'une heure de désœuvrement.

Le devoir, l'inéluctable devoir pour notre génération, — et quoi qu'il doive lui en coûter — c'est de rendre à la France ses anciennes frontières; ainsi aura-t-elle bien mérité de la patrie... et de l'humanité.

Nos ancêtres versèrent leur sang dans l'ardeur des combats, usèrent leur vie dans le patient labeur de la terre, et, des forêts de la Gaule, firent le pays de France, sillonné de routes, de canaux, couvert de riches moissons. Çà et là, s'élancent vers le ciel les tours de cathédrales gothiques, œuvres de pierre et de foi, matérialisation d'un idéal qui leur permettait de redresser la tête aux heures douloureuses et même de sourire à l'instant des sacrifices.

Ce magnifique héritage, légué par nos pères, se double d'un patrimoine d'art, de science et de pensée qui nous donne le pouvoir de nous abstraire, parfois, de l'heure fugitive, le pouvoir d'entendre bruire en nous la vie latente de l'univers et de nous élever au-dessus du fleuve héraclitéen pour connaître l'illusion enivrante de dominer et la vie et la mort, d'en saisir les lois immuables, de nous asseoir enfin face à face avec les dieux !

Pourrions-nous souffrir que des Barbares vinssent s'emparer de notre sol, saccager les monuments de notre passé, étouffer la culture désintéressée et sereine du noble peuple de France en étouffant l'âme même de notre race !

— Nous sommes la génération sacrifiée, soit, mais le sacrifice total ne s'accomplira pas : arrière les Barbares !

30 mars 1916. — Je me souviens, j'avais quelque chose comme huit ans, ma grand'mère me fit cadeau, un matin, de l'un de ses livres : *Les enfants de Marcel.* J'allai m'asseoir sur le perron, près des rosiers grimpants, et j'ai lu sans m'arrêter jusqu'à l'heure du déjeuner : j'ai lu l'histoire du sergent Marcel qui, malgré la neige, malgré sa blessure, continue la lutte et sait vouloir jusqu'au bout de ses forces. Et ce fut en moi l'éveil du patriotisme.

Nos enfants auront besoin qu'on leur rappelle combien parmi ceux de la génération actuelle seront tombés pour cette plus grande France qui existera après la guerre, préparant ainsi de beaux lendemains aux années atroces que nous traversons.

2 avril 1916. — Le lieutenant, aujourd'hui capitaine, m'avait proposé pour aller suivre à Saint-Cyr un cours d'élèves aspirants : cette proposition ne fut pas agréée en haut lieu.

Extrait d'une lettre dont le double fut retrouvé et dans laquelle Augustin Guyau, pour un ami de la famille, résume brièvement sa carrière militaire.

En campagne, ce 3 avril 1916.

... Depuis plus d'un an, je suis au Bois-le-Prêtre. Engagé volontaire pour la durée de la guerre, le 10 août 1914, j'ai commencé la campagne comme motocycliste, puis j'ai demandé à prendre le volant d'une automitrailleuse que j'ai conduite vers Roulers, Standen, Langemark et Ypres. Lorsque vint le mois de décembre 1914, la guerre de tranchées fut définitivement installée, je pensai que le rôle de ma machine devenait secondaire et il ne me convint point de terminer la campagne dans ces conditions. La place de ceux qui espèrent appartenir un jour à l'élite intellectuelle du pays se trouve aux postes d'avant-garde. Après diverses démarches, un ordre du général Foch, en date du 12 avril 1915, me versait au 156° d'infanterie et, le 24 avril, faisant partie du 356°, j'étais dirigé vers le Bois-le-Prêtre. — Notre vœu, à nous, qui sommes à la frontière et qui, suivant la belle parole de Carnot, ne devons pas savoir ce qui se passe à l'intérieur, est que notre gouvernement possède l'énergie de vouloir quand même cette grande France à laquelle notre génération fit d'avance, et si gaîment, le sacrifice d'elle-même, le jour de la mobilisation...

4 avril 1916. — Temps superbe, nuits tièdes, arbres verdissants, boue desséchée : tous les bonheurs. Et nous nous plaignons! Je ne sais vraiment pas pourquoi; chacun de nous pourrait se répéter les paroles de Virgile :

« Et le souvenir de ces choses elles-mêmes le réjouira un jour. »

Sézeraies, 25 avril 1916. — Envoyé au peloton des E. S. O. (élèves sous-officiers) me voici « embusqué » pour un mois, ce qui ne m'est pas arrivé souvent depuis bientôt deux ans[1].

23 *mai* 1916. — Retour, après quatre bonnes semaines de repos.

Sous nos bois, il fait notablement plus frais que dans la plaine de Sézeraies !

3 *juin* 1916. — J'habite pour le moment une délicieuse petite cabane où il ne pleut pas; j'y dors, j'y rêve et n'en sors guère que pour prendre la garde de nuit.

10 *juin* 1916. — Un camarade saisit l'occasion de passer dans la T.S.F. — Intelligence réelle mais caractère faible, il faisait partie de la race des « embusqués » dont on rencontre trop de représentants parmi ceux qui devraient se trouver toujours en avant, pour la raison même qu'ils appartiennent aux classes

1. Autrement dit, jamais.

d'élite. Peut-être estimera-t-on une telle conception du devoir teintée de don-quichottisme, mais je m'honore de la mettre en action.

Juin 1916. — Pendant quatre jours sur douze, je vais reprendre mon service de caporal observateur. Cela m'épargnera, durant ces quatre jours, de me lever dès quatre heures du matin, afin de conduire mes hommes à leur travail. Le capitaine se montre très aimable avec moi, ne m'adressant qu'un seul reproche : ne point avoir assez de *poigne* dans le commandement de mon escouade. Il ajoute d'ailleurs que le grade de caporal est très ingrat et que je fais preuve de beaucoup de *cran*. — Enfin, quoi, j'aime mieux payer de ma personne que d'être rude aux pauvres diables que je commande.

Bois-le-Prêtre, juillet 1916.
Silhouettes. — Se souvenir, ranimer des heures vécues, c'est jouer avec de la mort, sans doute est-ce pour cela que nous en éprouvons tant de lassitude et qu'il nous en reste comme un peu de l'agonie de la vie frémissante que chaque instant emporte.

Leurs silhouettes !... Elles s'estompent déjà, imprécises et telles que ces ombres des Champs-Élysées, qui, au dire des Anciens, s'échappaient parfois, les jours de sacrifices, pour ressaisir sur terre un semblant de lumière et de joie, après s'être abreuvées du sang chaud des victimes.

Petites amies de mon passé d'hier, si je vous rencontrais aujourd'hui, vous reconnaîtrais-je? ou passerais-je, indifférent, sans détourner mon regard des reflets de rêve dont je vous ai enveloppées?

Ce matin, parmi les arbres de nos bois qu'effeuille la mitraille — paraissant, disparaissant derrière les troncs brisés — je vous ai aperçues, silhouettes de mes frivoles et lointaines amies, qui ne fûtes qu'images menteuses de l'immortel amour.

Comme en songe, je revis Vera, la mignonne girl londonienne, avec sa toque minuscule d'où sortaient des boucles blondes et un visage d'enfant ; Vera la jolie, encore timide à cause de sa jeunesse et du gazouillement par quoi elle prétend parler notre langue : « I love you, little darling. »

Pour toi, Suzette, je quittai, pendant quelques jours, cette peau d'ours sauvage dont je m'enveloppe d'habitude et je promenai ta beauté, tes toilettes dans les lieux de luxe discrets et coûteux. Je te trouvais d'autant plus d'attraits qu'un plus grand nombre de jumelles, braquées sur ma loge, se mettaient à la poursuite de ton profil pur, de ta glauque prunelle. Tu étais précieuse et futile, cependant perspicace, car tu disais que je ne t'aimais point.

Huguette, charmante dame, que vous possédiez de grâce et que le soir votre sourire, sous vos yeux clos, avait de lumière! J'aimais vous regarder, durant des heures, occupée par mille riens : l'eurythmie de vos gestes m'enchantait; mais toujours je me sentais ramené vers votre sourire, il éveillait en moi je ne sais quoi de profond et de doux, — que je prenais pour de l'amour !

Angéline, brune Italienne, tu te montrais câline et féline.

Et vous, Jeanne, délicieux petit démon, vous trottiez sur le pavé de Paris, toujours avide de jouissance et de luxe !..

Toutes, je vous ai vues passer et repasser à travers les grands bois dévastés, ombres fuyantes, jolis souvenirs, qui achevez de mourir au fond de ma mémoire.

9 juillet 1916. — Volontaire pour une patrouille dont le commencement d'exécution paraissait des plus intéressants, j'ai le déplaisir d'apprendre que cette patrouille vient d'être contremandée, et cela parce que très prochainement notre division sera relevée pour aller au repos ; or, troupes au repos, comme peuples indolents, n'ont plus d'histoire.

14 juillet 1916. — Pour gagner le paisible trou dans lequel s'écoulera notre temps de repos, nous avons fièrement traversé Nancy, précédés par notre musique, tandis que les bonnes gens, qui voient en nous des défenseurs, nous offraient cigarettes et berlingots.

16 juillet 1916. — Nous sommes arrivés. — Nous habitons un petit coin vert, avec des arbres, de grands prés et la Moselle toute proche : un vrai séjour d'amoureux. Comme dans un conte de fées, ce lieu

charmant possède un pont, dit le Pont Bleu. — Mais,
le vrai Pont Bleu, celui que les légendes assurent
être jeté entre ce monde et le Pays merveilleux, le
Pays du bonheur, où donc est-il? Il nous manque
hélas! la fée blonde ou le compagnon providentiel
pour le découvrir à nos yeux, pour nous tendre la
main et nous faire traverser ce pont miraculeux!

15 août 1916. Après diverses lectures. — Ce qui
nous frappe, nous soldats, c'est de constater combien,
d'une manière générale, la littérature de guerre semble
médiocre. Peut-être faut-il penser que la guerre ne se
prête point à la littérature. — Le combattant ne
s'analyse pas, ne cherche pas le détail faisant image :
il vit (angoissé parfois, attentif toujours) dans l'attente
et l'ignorance de la minute prochaine. Aussi l'intérêt,
en ces multiples récits pris sur le vif, ne s'attache-t-il
guère qu'aux épisodes d'à côté, retraçant la vie nor-
male, laquelle, par force, reprend bientôt son cours.

17 août 1916. — Mon jeune camarade vient d'avoir
la double chance d'entrer : 1° dans l'aviation, l'arme
la plus intéressante à l'heure actuelle, 2° dans le
service aéronautique qui permet un déploiement aisé
de l'initiative personnelle. — Nous autres, nous
sommes la foule obscure, où l'on tombe, à son rang,
sans éclat.

18 août 1916. — Oh! qu'il est grand l'amour que
nous vouons dès l'enfance au pays des ancêtres, à

la France immortelle. Qu'il est grand cet amour que les années ne feront qu'amplifier jusqu'à ce qu'il enveloppe et surpasse de si haut nos autres amours que, l'heure venue, nous lui sacrifierons tout, même notre vie.

19 août 1916. — J'ai rencontré beaucoup d'amis au génie, dont le cantonnement est proche de celui qui nous abrite pour l'instant : deux jeunes de l'E. S. F., un mathématicien docteur ès sciences, de sorte que, goûtant le plaisir de discourir savamment, nous passons nos après-midi couchés sous les ombrages.

Dernière semaine d'août 1916. — Ce doux *far niente* prend fin, l'ordre arrive de partir pour Verdun.

29 août 1916. — Il pleut, nous marchons dans une glaise glissante.

Pendant les heures de repos, j'écris lettre sur lettre, les envoyant un peu de tous côtés. Je voudrais essayer de faire publier par notre *Bulletin*[1] une liste complète des camarades mobilisés. Il serait désolant que notre École, notre chère École, foyer intellectuel de ses anciens élèves, ne gardât point le souvenir de ceux qui donnent à la patrie les meilleures années de leur vie et surtout de ceux, trop nombreux hélas ! qui sont déjà tombés au champ d'honneur. Si je pou-

---

1. *Bulletin de l'Association des anciens élèves de l'École supérieure d'Électricité.*

vais provoquer en ce sens un petit mouvement d'opinion parmi nous, je croirais avoir bien agi.

Bois du Chesnoy (Verdun, rive droite), 6 sep-
tembre 1916. — Pas un endroit laissé intact par un
bombardement qui, depuis des mois, sans arrêt, se
poursuit devant Vaux et Douaumont. Même les troncs
déchiquetés des arbres ont été à leur tour émiettés.
Ceux qui nous précédèrent ont relié entre eux les trous
d'obus qu'ils avaient occupés et c'est dans une petite
tranchée créée de cette manière que nous sommes
installés. Ce soir, une attaque s'est déclanchée sur
notre gauche à dix-sept heures. Plusieurs centaines
de canons crachent sans discontinuer. Et, tandis
qu'au-dessus de nous, se forme un dôme bruissant
d'obus, l'éclatement métallique des schrapnells, les
sourdes détonations des marmites, le claquement des
mitrailleuses dominent le roulement ininterrompu
des tirs de barrage. Le vent chasse des tourbillons
de fumée noire et aussi la buée blanchâtre qui traîne
après les éclatements de grenades. Des fusées de
toutes nuances s'élèvent sur la plaine. Dans notre
tranchée, les ordres, de bouche en bouche se trans-
mettent, les munitions passent de main en main. Le
fusil contre soi, le sac de grenades sur le parapet,
nous regardons, nous écoutons, pénétrés par la tragique grandeur du spectacle, prêts à l'action et tout
entiers tendus vers l'inconnu de l'instant qui va
suivre l'instant que nous vivons.

L'attaque ayant atteint son but, le calme se rétablit, calme tout relatif d'ailleurs et jamais silencieux. Le soleil descend lentement sur la plaine : le crépuscule et la mort, par degrés, enveloppent d'ombre les blessés qui râlent au fond de la tranchée[1].

Septembre 1916. — Après notre séjour à Verdun, on nous envoie passer la période de repos non loin de Bar-le-Duc. Peut-être nous sera-t-il loisible ici de nous abandonner un peu plus longtemps « dans les bras de Morphée », mais, de fait, être soldat en guerre, c'est prendre l'habitude de ne plus dormir.

[1]. Reproduction d'un passage du *Bulletin des Armées* (13 septembre 1916) relatant les événements militaires au moment où Augustin Guyau et son régiment, le 356ᵉ, participèrent à la défense de Verdun.

« Région de Verdun,

« Du 28 août au 9 septembre, des actions assez vives ont eu lieu sur la rive droite de la Meuse, dans la région comprise entre Fleury et le bois du Chesnoy. L'ennemi a essayé à plusieurs reprises de nous reprendre le village de Fleury que nous tenons solidement, ainsi que les tranchées avoisinantes, au Nord-Ouest et à l'Est.

« Le 28 et le 29 août, trois attaques allemandes sont repoussées par nous.

« Le 3 septembre nos positions du bois de Vaux-Chapitre sont l'objet d'une violente attaque au cours de laquelle l'ennemi enlève un saillant de notre ligne. Mais, au même moment, nous déclanchions une action offensive au nord-ouest de Fleury qui nous permettait d'occuper la plus grande partie de la crête qui va de ce village à Thiaumont. Le 4, nous progressons à l'ouest de Fleury. Le 6, nous enlevons, sur le front Vaux-Chapitre-Le Chesnoy, 1.500 mètres de tranchées allemandes, le 9, nous rejetons entièrement l'ennemi du saillant où il avait pénétré le 3. Des contre-attaques allemandes, lancées le 4, le 5 et le 8 ont complètement échoué et ont coûté de fortes pertes à l'ennemi.

« Pendant cette période, nous avons fait dans la région Fleury-Vaux-Chapitre 1.400 prisonniers et capturé une trentaine de mitrailleuses ».

Fin novembre 1916. — Ce soir, le froid nous paraît vif, du reste voici venir l'hiver, ne sommes-nous pas au seuil de décembre ? Bah ! dès février ncus espérerons le printemps. D'ailleurs nous avons allumé un bon feu dont la flamme réchauffe et, pendant que j'écris, un de mes hommes chante :

> Ferme tes jolis yeux,
> Le bonheur n'est qu'un songe, etc.

Berceuse qui me semble devoir endormir les camarades. — Ah ! nullement, tous en chœur ils entonnent le refrain, c'est un tonnerre... Adieu sommeil !

12 *janvier* 1917. — Je vais à Toul pour faire un stage d'élève chef de section ; ce stage durera environ deux mois et demi.

17 *janvier* 1917. — Parmi nos chefs se trouve un vétéran de 70, actuellement lieutenant de zouaves et dont la poitrine se charge de je ne sais combien de décorations anciennes et nouvelles ; il nous fait le cours de topographie, affecte des manières de civil, oh ! que c'est rare ici — et se montre très bon.

18 *janvier* 1917. — Pas mal de travail ; on ne se couche guère avant dix heures, par contre, on se lève de grand matin.

Je suis tondu (ordre supérieur) comme un mouton.

Il fait un froid épouvantable, mais un temps superbe, ce qui empêche la température de sembler trop pénible, — et puis, nous sommes tellement endurcis !

19 *janvier* **1917.** — Le milieu est assez relevé : jeunes gens sortant des lycées, étudiants, instituteurs, artistes ; cette atmosphère, plutôt intellectuelle, produit une détente reposante.

3 *février* **1917.** — La troisième semaine de stage s'achève.

Il gèle, ici, de jour et de nuit, mais presque toutes les après-midi sont ensoleillées, de sorte que nous prenons l'existence « par la bonne anse ». Un de mes jeunes camarades répète, après Horace, qu'il faut cueillir l'heure qui passe, ainsi qu'on ferait d'une rose aux couleurs harmonieuses, mais en prenant bien garde de se piquer à ses épines. — Ayant tenté, vu ma qualité d'aîné, de parler morale et souci du lendemain, il me regarda avec un sourire sceptique et interrogateur. Lors, je dus concéder : oui, je n'ignore pas ce que tout soldat, se souvenant du La Fontaine de son enfance, ne pourra manquer de répondre : demain, avant qu'il soit demain, « le roi, l'âne ou moi... [1] » Ni l'un ni l'autre, nous n'achevâmes la citation.

23 *février* **1917.** — Je viens de passer sergent et suis l'hôte de l'infirmerie depuis plusieurs jours, car j'ai pris une grippe. Comme je me sentais mieux,

1.   « Le roi, l'âne, ou moi, nous mourrons »
[Vers de La Fontaine, tiré de la fable intitulée : *Le Charlatan.*]

j'exprimai le désir de retourner à la caserne pour suivre les cours avec mes camarades, mais le major décida de me garder ici quelque temps encore. Donc, me voilà installé dans une petite salle chauffée par radiateurs, où je peux, en parfaite tranquillité, me livrer aux calculs topographiques qui nous sont proposés pour jeudi prochain.

28 mars 1917. — Les derniers examens sont finis pour moi, toutes mes notes sont comprises entre 15 et 19, ce qui m'assurera un bon classement[1].

Retour prochain dans nos compagnies.

8 avril 1917. — Un ancien atelier de menuiserie, l'établi de chêne massif s'y trouve encore ; le plafond bas, que charpentent de minces solives, ne permet qu'un cubage d'air restreint, la fenêtre, dont les carreaux cassés sont remplacés par des bouchons de papier, laisse entrer peu de jour et beaucoup d'humidité : voilà notre gîte. Aux clous plantés dans la cloison pendent musettes, capotes, fusils. La petite pièce est encombrée de ces châssis faits de quatre planches et d'un treillage de fil de fer sur lesquels nous reposons, dirai-je *moelleusement ?* durant nos nuits de liberté.

Ce jour de Pâques s'écoule gris, froid et tel qu'un jour d'automne. Réfugié dans notre dortoir désert, à demi étendu sur ma couchette, je fume : la pipe

1. Il passa troisième sur plus de cent concurrents et ses examinateurs mirent au bas de ses notes : « Ferait un excellent officier. »

n'est-elle point la compagne de solitude du soldat ? Car il se sent toujours seul, le soldat : — seul, les soirs de réjouissance, lorsqu'entouré de compagnons de plaisir et de femmes, il débouche le champagne, cherchant la gaîté factice, l'oubli momentané que verse le vin pétillant ; seul, parmi ses *camarades* indifférents, quelquefois même envieux, parmi ces hommes capables de mourir — peut-être demain — comme des braves, mais souvent si petits, si mesquins au cours de la vie quotidienne ; seul enfin, les jours de bataille, s'il lui arrive d'agoniser en quelque coin où *cela tombe* et que les *autres* éviteront de fréquenter !...

Pourquoi le cœur humain frissonne-t-il dans « le silence des espaces infinis ? »

.   .   .   .

Les musulmans de nos colonies, lorsqu'ils parlent d'un trépassé, ont coutume de dire : *Rahmat Allah alih* (la miséricorde de Dieu soit sur lui). — *Rahmat*, le grand pardon après lequel tout s'efface... O mort, serait-ce toi l'oubli divin, par le juste même imploré, serait-ce toi le grand oubli qui bannit de nos mémoires le souvenir des agitations vaines, des ambitions stériles, qui sous le flot de ton ombre submerge, au fond de nos prunelles, inquiétudes, regrets, désirs, qui apaise dans nos cœurs le tumulte suprême en leur versant ta paix ?

10 avril 1917. — Le repli de la réflexion sur soi est-il, peut-il être une attitude fréquente de l'esprit ?

Se pencher sur le moi intérieur, pour le voir s'obscurcir comme l'eau noire de l'océan à mesure qu'on descend sous sa surface éblouissante, est-ce moins vain que de se laisser séduire par la belle lumière du dehors, par ses nuances infinies, sans cesse changeantes, et dont la douceur, jadis, dans la préhistoire du monde, révéla au *moi* sa propre existence.

Le milieu nous façonne : le charme d'une matinée de printemps me fait connaître la joie de vivre; l'effort, la lutte même que nécessite l'action, — celle-ci dût-elle paraître inutile, frivole infiniment devant les yeux du philosophe — me donnent vraiment conscience de mon être. Oui, c'est en me laissant prendre tout entier par la lutte et l'action, en m'y étourdissant peut-être, que je me distrairai de cette mélancolie déprimante qu'entraînent les trop profonds retours sur soi. M'abstraire de ce qui m'entoure serait me diminuer, travailler autant que possible à ma dissolution, — à me faire « mourir un peu ». Sans doute fût-ce, de quelque manière, la pensée de mon père lorsqu'il écrivit :

> « Rêver est doux, agir meilleur,
> « En ce monde j'ai mieux à faire
> « Que d'écouter battre mon cœur [1].

6 *mai* 1917 [2]. — Eh bien, je ne suis pas mécontent

---

1. *La mort de la Cigale.* Vers d'un Philosophe (Jean-Marie Guyau).

2. Entre le 19 et le 27 avril se place la dernière permission d'Augustin Guyau, permission qu'il passa à Menton, chez sa grand'mère, Mme Fouillée, dans la maison où s'écoula son enfance et sur cette côte ensoleillée qu'il aimait.

de mon petit exploit. Je commandais une embuscade, établie par moi, en toute liberté d'action ; j'avais, non sans réflexion, disposé mes hommes, de sorte qu'une importante patrouille ennemie, qui s'avançait, fut mise en déroute[1].

15 *juin* 1917. — Pour l'instant, nous sommes au repos.

Du beau temps, en général, mais des orages d'une telle violence qu'ils transforment les rues du cantonnement en torrents.

25 *juin* 1917. — Délicieuse villégiature au milieu des bois, mais nous la quittons ce soir pour reprendre notre service dans la Meuse.

---

1. Une citation s'en suivit qui lui valut la croix de guerre avec étoile de bronze ; voici la reproduction de cette citation :

8ᵉ ARMÉE

40ᵉ CORPS D'ARMÉE

73ᵉ DIVISION

COMMANDEMENT
DE
L'INFANTERIE

ORDRE DE LA BRIGADE, Nᵒ 86

Le colonel Simon commandant l'Infanterie de la 73ᵉ Division cite à l'Ordre de la Brigade :

Le Sergent Guyau Augustin, nᵒ Mle 12149, de la 23ᵉ Compagnie du 356ᵉ Régiment d'Infanterie :

« Gradé d'un courage et d'une intrépidité extraordinaires, possède un calme et un sang-froid remarquables. A résisté énergiquement à un élément ennemi très supérieur en forces et lui a infligé des pertes ».

En campagne, le 13 mai 1917,

Le Colonel Simon,
Commandant l'Infanterie Divisionnaire.

Timbre et signature.

Le 30 juin nous parvint une simple carte-lettre commençant ainsi :

« Deux mots seulement, car nous avons passablement d'ouvrage en ce moment. »

Le lendemain du jour qu'il traçait ces lignes hâtives, ou pour mieux dire dans la nuit du premier au deux juillet 1917, il tombait héroïquement, à la cote 304. Alors, pour nous, ce fut le silence, l'éternel silence. Après de longs jours d'angoisse, nous résolûmes de nous adresser au capitaine de sa compagnie ; sans le connaître aucunement j'écrivis à cet officier. Voici la lettre qu'il eut la bonté de prendre le temps de m'écrire et ensuite celle de m'autoriser à la publier :

En campagne, le 25 août 1917.

Madame,

Après tous les combats auxquels la compagnie a pris part, nous avons toujours la douleur, en nous comptant, quand nous redescendons, de constater que malheureusement plusieurs de nos camarades ou subordonnés ne répondent pas à l'appel.

C'est un devoir pénible que j'accomplis en ce moment auprès de vous, mais quelle satisfaction j'éprouve à vous parler de votre fils, et, s'il existe une consolation à votre douleur, je puis vous la donner en vous disant que c'était un héros et qu'il est tombé en héros, sans souffrances.

Je n'ai jamais rencontré dans ma carrière de soldat un homme plus brave et joignant à cette bravoure plus de calme et de sang-froid.

C'est dans un combat acharné à la grenade que le

sergent Guyau a été frappé en pleine poitrine, en interdisant aux Allemands d'avancer. Combien nous l'avons tous pleuré à la compagnie ! et son souvenir restera parmi nous comme un modèle de courage et de bravoure : en un mot, c'était un soldat.

Je vous transmets ici la belle citation à l'ordre du Corps d'armée que j'ai obtenue pour lui :

« Modèle de bravoure et d'intrépidité. Le 29 juin 1917, au cours d'un combat à la grenade, s'est porté à l'endroit le plus dangereux, a réussi à arrêter la progression de l'ennemi, et est tombé mortellement frappé. »

C'est par erreur que l'on a mis la date du 29 juin, le sergent Guyau est tombé dans la nuit du 1er au 2 juillet, à la cote 304. Son corps n'a pu être transporté à l'arrière, mais a été relevé et enseveli sur cette cote 304 même, derrière le poste de commandement du chef de bataillon, à un endroit appelé quartier Brocart.

Je comprends votre douleur de mère et je vous prie, madame, de recevoir, avec ma douloureuse sympathie, l'expression de mes hommages.

Signature

Capitaine de BELLABRE.
23e Cie, 356e rég. d'infanterie,
S. P. 84.

Que monsieur le capitaine de Bellabre veuille bien trouver ici l'expression d'une reconnaissance qui ne s'éteindra qu'avec nous-mêmes : avoir connu les dé-

tails de la mort glorieuse de notre unique enfant est
pour nous la suprême consolation, la seule lumière
capable de jeter encore un peu de clarté dans la nuit
de notre désespoir.

. . . .

. . . .

Reproduction de l'ultime citation du sergent Guyau.

CORPS D'ARMÉE	CITATION	356° RÉGIMENT
73ᶜ DIVISION	A L'ORDRE DU CORPS D'ARMÉE	D'INFANTERIE
BRIGADE		23ᶜ COMPAGNIE

Le général commandant le 16ᵉ Corps d'armée, cite
à l'ordre du corps d'armée nᵒ 244, Guyau Augustin, sergent,
numéro matricule 12149.

Motif de la citation. Modèle de bravoure et d'intrépidité. Le
29 juin 1917, au cours d'un combat à la grenade s'est porté à
l'endroit le plus dangereux, a réussi à arrêter la progression de
l'ennemi et est tombé mortellement frappé.

Gouvernement militaire de Paris. Commandement du département de la Seine.

Le titulaire de la présente citation a reçu la croix de guerre
par les soins du général commandant le département de la
Seine, à Paris, le 13 octobre 1917 (I. S.)[1].

Extrait certifié conforme.

En campagne, le 5 août 1917.

Le lieutenant-colonel
commandant le 356ᵉ régiment d'infanterie.
(Timbre et signature).

1. En réalité, on le sait, Augustin Guyau était décoré de la croix
de guerre, avec étoile de bronze, depuis sa première citation en
date du 13 mai 1917. Pour cette dernière citation, il fut simplement
ajouté une étoile de vermeil à côté de l'étoile de bronze.

2 Mai

Ma chère maman,

Mon arabe vient de rentrer à Souk
el Arba. Demain j'y retourne moi-même
pour reprendre le voyage interrompu.
J'avais quitté ce matin Souk el Arba
pour faire effectuer des recherches en
zone espagnole où je le soupçonnais
d'être passé. Tout est bien qui finit
bien. J'en suis quitte pour
120 km de cheval de plus. Malgré
toute ma colère, il faisait si beau
ce matin quand je galopais au
galop arbaona que je ne pouvais
pas m'empêcher d'avoir du plaisir.
Je t'embrasse bien des fois.

Ton fils qui t'aime

Guyau

AUGUSTIN GUYAU

Avec l'autorisation de l'auteur, nous reproduisons, ici, l'article que M. Paul Janet a consacré à son ancien élève dans le numéro du 8 juin 1918 de la Revue générale de l'Électricité. Qui mieux, en effet, que ce maître éminent pouvait porter un jugement sur la valeur du jeune ingénieur, du jeune savant, comme sur sa trop courte carrière scientifique?

Parmi tous les jeunes ingénieurs électriciens, si nombreux, hélas! qui sont tombés pour la France, nous voudrions donner ici un souvenir particulièrement ému à l'un des plus distingués et qui nous donnait des espérances exceptionnellement brillantes, Augustin Guyau.

Fils du célèbre philosophe et poète Jean-Marie Guyau, Augustin Guyau naquit à Menton, le 13 décembre 1883. Il n'avait que quatre ans lorsqu'il eut le malheur de perdre son père. Il resta dès lors l'unique objet de la tendre sollicitude de son grand-père, Alfred Fouillée, l'éminent philosophe bien connu, et de deux femmes d'une distinction rare, Mme J.-M. Guyau et Mme Fouillée, dont les œuvres d'une haute portée morale répandues par milliers dans l'enseignement primaire ont, nous en sommes certain, contribué à former les fortes générations qui combattent aujourd'hui pour la grande cause.

L'éducation d'Augustin Guyau fut alors le grand but de l'existence de ces trois personnes de valeur véritablement exceptionnelle; elles s'y consacrèrent entièrement. Quelques professeurs du collège de Menton les y aidèrent, et le cycle des études classiques fut couronné par une classe de philosophie faite, pour son petit-fils, par l'un des plus grands philosophes de notre temps !

Après un baccalauréat Lettres-Philosophie brillamment passé, Augustin Guyau se tourna du côté des mathématiques pour lesquelles il eut toujours une prédilection marquée. Définitivement et complètement exempté du service militaire pour faiblesse de constitution — nous verrons bientôt quelle âme admirable recouvrait ce corps en apparence délicat — et libre de tout souci de ce côté, il se donna tout entier aux études supérieures; dès lors une idée directrice domine sa vie : placé, par le hasard de la naissance, parmi les heureux et les instruits de ce monde, il doit avant tout faire œuvre utile et donner l'exemple du travail. Les ressources trouvées à Menton ne suffisaient plus : l'Université de Marseille présentait tous les avantages d'un centre intellectuel en pleine activité, sans que l'éloignement du berceau familial en fût trop grand. Guyau y prépara ses licences de mathématiques et de physique (juillet 1907) et, cette même année, entra à l'École supérieure d'Électricité. L'enseignement qu'il y trouva fut pour lui une véritable révélation : nul esprit, plus que le sien, ne réunit le goût de l'idéal le plus élevé, et la recherche des réalités les plus concrètes; il sentait qu'il n'y avait aucune opposition ni contradiction entre ces deux tendances; aussi, bien que théoricien de premier ordre, il montra, dans ce premier contact avec le monde industriel, qu'il y avait en lui l'étoffe d'un excellent praticien : il sortit de l'Ecole, avec son diplôme d'ingénieur, dans les premiers de sa promotion. Presque immédiatement, il entrait comme ingénieur aux Établissements Schneider de Champagne-

sur-Seine où il fit un stage de quelques mois, et ensuite
aux ateliers du Nord et de l'Est, à Jeumont où il fut attaché
au bureau de calcul des machines. D'une activité infatigable,
il préparait entre temps sa licence en droit dont il subit
avec succès les examens en juillet 1909. Sa santé ne résista
pas à cet effort, une mauvaise grippe l'oblige, sur l'ordre
exprès des médecins, à prendre un repos nécessaire ; mais
un esprit trempé comme celui d'Augustin Guyau ne pouvait accepter d'être réduit à l'inactivité ; sa résolution est
bientôt prise : puisqu'il doit, au moins momentanément,
renoncer aux carrières industrielles où il avait si bien
débuté, il se tournera du côté de la science et recherchera
le diplôme de docteur ès sciences physiques. C'est à ce
moment que j'eus les rapports les plus fréquents et les
plus amicaux avec lui : je fus très heureux de mettre à
sa disposition les ressources de mon laboratoire de la
Faculté des Sciences de Paris où il entreprit, sous ma direction, un très intéressant travail sur le téléphone, instrument de mesure. Une première note à l'Académie des
Sciences du 10 mars 1913 résumait ce travail ; et le 23 juin
suivant, il soutenait, devant la Faculté de Paris, sa thèse
qui lui valait avec une mention honorable le titre de docteur ès sciences physiques. Quelques mois plus tard, en
1914, il devait en tirer un petit volume rempli de faits intéressants et de remarques pénétrantes qu'il publia chez
Gauthier-Villars dans la collection des Actualités scientifiques ; nous ne pouvons songer à l'analyser ici : qu'il
nous suffise de rappeler que, sous le nom d'oscillographe
interférentiel, l'auteur put réaliser, en utilisant les franges
d'interférences, un appareil permettant d'enregistrer
photographiquement des vibrations de fréquence de 500
environ, avec une précision atteignant le centième de
micron[1].

1. Bibliographie des publications scientifiques d'A. Guyau.
La Revue électrique : Calcul des efforts élastiques développés

Entre temps, il avait eu la grande douleur de perdre son grand-père, Alfred Fouillée, et sans interrompre ses recherches scientifiques, il consacrait à l'œuvre de ce dernier un livre intitulé *La Philosophie et la Sociologie d'Alfred Fouillée* qui obtint un légitime succès.

On retrouve donc, chez cet esprit vraiment exceptionnel, des tendances aux recherches et aux spéculations intellectuelles qu'il tenait, pourrait-on penser, par hérédité d'un père et d'un grand-père dont l'empreinte en ce domaine fut si profonde : mais la nature d'Augustin Guyau était bien plus complexe que cela ; quoiqu'il fût d'une nature réservée et se livrât peu, de nombreuses conversations m'avaient révélé chez lui le tourment continuel de faire œuvre utile, presque utilitaire, dût-il, pour cela, forcer sa nature en se contraignant à toutes les formes d'activité possible ; à côté des problèmes de science pure, où il avait montré des qualités remarquables d'expérimentateur et de théoricien, il était préoccupé des questions d'ordre le plus pratique, et sur la couverture même de sa thèse, il annonçait en préparation un travail sur « Le problème de l'épuration des eaux résiduaires devant le Parlement et devant l'opinion. »

C'est évidemment pour obéir à des préoccupations de ce genre que, momentanément libéré de ses multiples travaux, il se résolut, au mois d'avril 1914, à entreprendre un voyage

dans un disque mince en rotation rapide, 1913, t. XIX, p. 80 ; 1914, t. XXL, p. 41.

Le pont de Wheatstone en courant alternatif, 1913, t. XX, p. 234.

Calcul de quelques coefficients de self-induction pour servir à l'étude des moteurs monophasés, 1912, t. XVII, p. 216.

Contribution à l'étude des bobines d'induction téléphonique, 1912, t. XVIII, p. 129.

Coefficients de self-induction et de capacité linéaires dans les courants à haute fréquence, 1912, t. XVIII, p. 447.

La lumière électrique : Sur le rôle d'une self-induction et d'une capacité à la base d'une antenne, 1911, t. XV, p. 13.

Bulletin de la Société internationale des Électriciens : Oscillographe interférentiel. Le téléphone, instrument de mesure, 1913, p. 615.

d'exploration au Maroc, où il entrevoyait un grand avenir de développement industriel. Il partit seul, et fit, à cheval, dans les régions les moins connues de ce pays neuf, un voyage pénible, souvent dangereux et des plus intéressants ; il rentra en France le 29 juillet, dans ces jours de fièvre et d'angoisse patriotique qu'aucun de nous n'oubliera jamais. Complètement exempté de tout service militaire, Augustin Guyau n'a qu'une idée, s'engager à tout prix dans un poste actif et périlleux ; pour y arriver, il profite de ce qu'il possède une motocyclette et est habitué à cet exercice ; le 10 août, il signe son engagement. En octobre 1914, il est désigné, comme automitrailleur pour se rendre en Belgique où il prend part à la bataille d'Ypres. Envoyé ensuite (décembre 1914) au quartier général du général Foch, il trouve son emploi de guetteur d'avions trop paisible, trop dépourvu de risques ; ne doit-il pas, plus que jamais, prêcher d'exemple ! Après de vaines démarches pour entrer dans l'aviation, il se fait verser au 356e régiment d'infanterie (avril 1915). Suit une période de travail dans les bois ; puis le voilà sous les neiges, par dix degrés de froid, dans les tranchées de première ligne du trop fameux Bois-le-Prêtre. Sa bonne humeur reste entière, sa foi dans la victoire inébranlable. En septembre 1916, court séjour de son régiment au Bois-de-Chesnoy (Verdun rive droite), où il participe aux combats du moment. Janvier 1917 le trouve en stage à Toul ; au milieu du stage il est nommé sergent et, à l'issue des examens, classé troisième sur plus de cent élèves chefs de section. Il rejoint son régiment, se bat dans la Meuse, et le 13 mai 1917, pour avoir commandé avec bonheur une patrouille, il reçoit la Croix de guerre.

Le 30 juin 1917, il monte en ligne et tombe en héros, le 1er juillet, à la cote 304.

Telle fut la fin de cette vie qui s'ouvrait si belle et si pleine de promesses : une intelligence lumineuse, un cœur géné-

reux, l'ardent désir et la ferme volonté de faire œuvre
utile, voilà tout ce qui disparaît avec Augustin Guyau;
mais cette œuvre ne l'a-t-il pas pleinement réalisée par
l'exemple admirable de son entier et simple dévouement à
la grande cause; nous qui restons, nous devons perpétuer
ces souvenirs et rendre fécond le sang qui a coulé!

Paul JANET.

TABLE DES MATIÈRES

ÉVREUX

IMPRIMERIE CH. HÉRISSEY

4, RUE DE LA BANQUE